Die Zerrissenen

Von Alexander von Ungern-Sternberg

Impressum:

©2024 Christian Schwochert

©1832 Alexander von Ungern-Sternberg

ISBN Softcover: 978-3-384-32248-7

Druck und Distribution im Auftrag des Autors:
tredition GmbH, Halenreie 40-44, 22359 Hamburg,
Germany

Vorwort des Herausgebers

Der deutsche Erzähler, Dichter und Maler Peter Alexander Freiherr von Ungern-Sternberg, besser bekannt als Alexander von Ungern-Sternberg, entstammte der deutsch-baltischen Adelsfamilie Ungern-Sternberg und war Verfasser historischer und biographischer Romane, Novellen und ironischer Märchen. Er wurde 1806 auf Gut Noistfer (Purdi), im Gouvernement Estland im Russisches Kaiserreich geboren und starb am 24. August 1868 in Dannenwalde, Mecklenburg-Strelitz. Er lebte von 1841 bis 1854 in Berlin und war dort unter anderem als Autor für die Kreuzzeitung tätig. Gelegentlich betätigte er sich auch als Zeichner. Dabei handelte es sich um eine von 1848 bis 1939 erschienene überregionale Tageszeitung im Königreich Preußen und später im Deutschen Reich. Mit dem Eisernen Kreuz als Emblem im Titel hieß sie anfangs offiziell Neue Preußische Zeitung, obgleich sie im Allgemeinen und auch im amtlichen Sprachgebrauch schlicht Kreuzzeitung genannt wurde. 1911 erfolgte eine Umbenennung in Neue Preußische (Kreuz-)Zeitung und ab 1929 in Neue Preußische Kreuz-Zeitung. Von 1932 bis 1939 war der offizielle Titel nur noch Kreuzzeitung. Das Blatt war ein richtungsweisendes Medium für die konservativ-monarchistische Oberschicht. Zur Leserschaft gehörten der Adel, Offiziere, hohe Beamte, Industrielle und auch Diplomaten. Das alles freilich zu einer Zeit, als Deutschland noch solche Leute hatte, die eine gute, patriotische Zeitung zu schätzen wussten. Weil die Leser zur Elite (nicht zu verwechseln mit der heutigen BRD-Pseudoelite!) zählten, wurde die Kreuzzeitung oft zitiert und war zeitweise sehr einflussreich. Als Untertitel nutzte die Zeitung von der ersten bis zur letzten Ausgabe den deutschen Wahlspruch der Befreiungskriege: „Vorwärts mit Gott für König und Vaterland".

Aber bleiben wir beim Freiherren von Ungern-Sternberg, um dessen Buch es hier ja geht.

Er studierte Jura, Philosophie und Literaturgeschichte an der Kaiserlichen Universität Dorpat und zog 1830 nach Dresden, wo er die Bekanntschaft des deutschen Dichters, Schriftstellers, Herausgebers und Übersetzers Ludwig Tiecks machte. In den 30er Jahren des vorletzten Jahrhunderts publizierte Ungern-Sternberg seine Texte in mehreren Taschenbüchern, unter anderem in der Urania. 1841 ließ er sich in Berlin nieder und verkehrte dort mit verschiedenen Künstlern der Berliner Salons. Im Revolutionsjahr 1848 stand Ungern-Sternberg auf Seiten der Konservativen und war nach wie vor Mitarbeiter der königstreuen Kreuzzeitung. Tja, das hätte ich wohl damals auch so gemacht. Später ging der Freiherr im Auftrag der russischen Gesandtschaft in Berlin als Berichterstatter zum Frankfurter Parlament.

Er heiratete erst nach 1850 in Dresden Karoline Luise von Waldow. Die letzten Jahre seines Lebens verlebte er mit seiner Ehefrau auf seinem Gut Gramzow im mecklenburgischen Fürstenberger Werder, das ihm sein Schwager, der Gutsbesitzer und Kammerherr Franz von

Waldow, als Wohnsitz überlassen hatte. Er starb mit nur 62 Jahren im August 1868 bei einem Besuch bei seinem Schwager auf dessen Gut Dannenwalde. Seine Frau war ein Jahr zuvor verstorben.
Sein hier nun vorliegendes Werk „Die Zerrissenen" stammt aus dem Jahre 1832 und ist damit gemeinfrei.
Ich wünsche Ihnen viel Freude beim lesen.

Mit freundlichen Grüßen
Christian Schwochert

Alexander von Ungern-Sternberg
Die Zerrissenen

Dem Freiherrn **Otto Magnus von Stackelberg**
Gewidmet vom Verfasser

Verehrter Landsmann und Freund!

Nicht als eine Gabe, deren Gehalt Ihrem Geiste und Ihren
Vorzügen schmeichelt, vielmehr als ein geringes Zeichen
meiner hohen Achtung und Liebe für Ihre Person
empfangen Sie dieses Buch, das sich mit Ihrem Namen
schmückt. Stets unvergeßlich wird mir der Winter bleiben,
wo es mir vergönnt war, in Ihrer Nähe zu leben, und der
Schätze theilhaftig zu werden, die Sie in erleuchteter
Wissenschaft und Kunst während eines so reichen Lebens
gesammelt haben; möchte ich mich auch fernerhin Ihres
Andenkens freuen dürfen, und ein Wohlwollen mich
beglücken, das ich stets als den schönsten Erfolg meiner
Bestrebungen ansehen werde.

Mannheim, im Frühling 1831.
A. Baron Sternberg.

Es war ein kühler Herbstabend, als der Herzog Lothar seine Geliebte, die in der Vorstadt ein kleines Häuschen besaß, zu besuchen ging. Er schritt stillschweigend durch die öden Gassen in Gesellschaft eines Mannes, der unter dem Mantel eine Zither trug, auf der er manchmal einzelne Töne anschlug und selbst dazu vor sich hinlachte, als überdenke er eine komische Geschichte. Als der Thorwächter sie anrief und um ihre Namen fragte, rief er laut und zänkisch: »Wer denn anders, als der Herzog Lothar und Massiello sein Musiker!« Der Soldat lachte und sagte: »Ja doch, Ihr seyd auch der rechte Herzog! wohl mögt Ihr zwei lustige Vögel seyn, die in die nächste Schenke schleichen – nun immerhin, ich komme Euch nach, wenn meine Stunde um ist.« – »Thor, der Du bist,« brummte der Herzog, »wer hieß Dich meinen Namen nennen? Du weißt, daß mich Niemand kennen soll.« »Nun,« entgegnete der lachende Begleiter, »Ihr seht ja, gerade die Wahrheit hat uns am trefflichsten durchgeholfen; daß ich dem Soldaten offen gestanden, wer wir sind, das hat ihn gerade am sichersten überzeugt, daß wir es nicht seyn können.«

Sie kamen jezt an die lezten Häuser, meistentheils elende, halbverfallene Hütten, die von Fischern und Strandbauern bewohnt wurden; vor einer derselben, die ein wenig besser aussah, als die übrigen, standen die Beiden und klopften an. Eine alte Magd öffnete leise und leuchtete vorsichtig mit der Laterne in die Nacht hinaus; als sie den Herzog erkannte, wich sie demüthig zurück, die Beiden traten gebückt hinein und hinter ihnen schloß sich die kleine

Thüre wieder. Im Innern des ärmlichen Hüttchens öffnete sich wider Erwarten eine Reihe, wenn auch nicht prachtvoller, doch auf das zierlichste ausgestatteter Zimmer, die auf eine kluge Weise nach der Straße dem Auge verdeckt lagen und sich nur gegen den einsamen Hof, der sorgfältig verschlossen gehalten wurde, ausdehnten. Helle, glänzend gefärbte Wände prangten in reizenden pariser Wandgemälden, die tropischen Gewächse einer heißen Zone darstellend, nebst Badescenen, wo schwarze afrikanische Schönen sich in silberhelle Gewässer tauchten. Ein mit Gold und Ketten geschmückter Armleuchter schwebte von der Decke nieder und strömte das klare Licht von schlanken Wachskerzen auf die purpurnen Sammetsessel und Divans, welche längs den Wänden in orientalischem Luxus aufgestellt waren. Große, üppige Rosen und Astern hingen aus blitzenden Kristallschaalen, passend vertheilt, ihre Blumenhäupter nieder, und über dem eleganten Pianoforte hing ein süßes Bild von Carlo Dolce, einen schönen Heiligen darstellend, dessen weichen Jünglingskörper blutige Märtyrwunden mehr schmückten als entstellten.

Der Fuß deß Herzogs schritt leicht und siegreich über die feinen, persischen Teppiche hin; er war eben im Begriff, die Reihe der schönen Gemächer zu durcheilen, um den Gegenstand seines Wunsches zu suchen, als dieser ihm schon aus einer Seitenthüre mehr entgegen flog als trat. Ein helles, lächelndes Mädchen, das goldne Haar kunstlos auf den Nacken niederflatternd, das strahlende, große Auge mit einer Freudenthräne gefüllt, warf sich mit

9

entzückter Hast an die breite Brust des Geliebten; hinter ihr trat eine Dienerin ein, die sich mit dem spaßhaften Musiker auf das ceremoniöseste begrüßte. Das Fräulein hatte sich geschmückt, denn sie hatte um diese Stunde den Herzog erwartet, doch ihr Putz bestand darin, ungeputzt zu scheinen. Das Köpfchen, das sich an die Schulter des Freundes lehnte, trug weder Perlen noch Gold, sondern nur ein blasses Rosenknöspchen, das kaum bemerkbar in dem hellgelben Haar sich verbarg, der Schnitt des seidenen Gewandes lief ohne Garnitur von Spitzen oder Blumen um die Fülle des weißen Nackens und Halses herum, und nur um den weichen Marmorglanz des leztern zu heben, schmiegte sich ein Halsband von schwarzem Sammet, mit einem Demant fest gehalten, um die schöne Form. –

Wer das freundliche, liebliche Mädchen sah, den leichten Schmuck der Gemächer, und damit den unfreundlichen Eingang von außen in eine niedre Fischerhütte verglich, der mochte wohl an Zauberei denken, wenigstens an die natürliche Zauberei, die ein großer Herr sich mit dem Gegenstand seiner heimlichen Neigung zu bereiten sucht, um dem Gefühl seines Herzens die Beimischung des Wunderbaren und Hochpoetischen zu geben, welches bei den alltäglich ihn umgebenden Dingen, in der gewohnten Folge der fürstlichen Gemächer und Livréen-Gesichter gänzlich zu fehlen pflegt. Doch Jokonde schien diese Gesinsinnung nicht zu theilen, sie war ein gewöhnliches Mädchen, das gerne ihren Putz und ihren Liebhaber, so wenig Ehre das Daseyn eines solchen ihr eigentlich machte, der Welt zeigen wollte. Es war ihrem muthwilligen Wesen etwas höchst langweiliges, sich in der einsamen Wohnung den ganzen Tag über eingesperrt zu erhalten, um ihren Geist mit Musikalien und Büchern zu nähren; die altklugen Gesichter des Papageys und der alten Dienerin waren eben auch nicht ergözlich, und erst am Abend kam Gesellschaft, gewöhnlich der Herzog, der einige Freunde mitbrachte, und wo dann gelacht, gesprochen und gescherzt wurde. Heute, da der Herzog heiterer als gewöhnlich schien, nahm sich also das schöne Mädchen den Muth, ihm mit einem zärtlichen Geflüster die Bitte vorzutragen, sie aus ihrem Fischer-Pallaste zu entlassen, und in die Residenz oder irgend eine Stadt zu schicken. – »Ein schöner Vorschlag,« sagte der Herzog etwas trocken, »Du hast in der lezten Stadt, wo Du Dich aufgehalten, kindisches Mädchen, so viel Schulden gemacht, daß ich mir über meine Schwachheit, mit der ich immer wieder diese thörichten Ausgaben besiritt, öfters Vorwürfe gemacht habe. Hier kann sich Deine Verschwendungssucht ein weit größeres Feld verschaffen, Du kannst Tausende von Fischen einkaufen, von allen Sorten, und sie dann meinethalben wieder in's Meer zurückwerfen oder die Armen mit ihnen speisen.« – Jokonde zog eine düstre Miene, die aber sogleich in ein Lächeln überging. – »Ueberdies,« sagte der Fürst, »bin ich jezt an eine Braut versprochen, und da geht dergleichen, wie Du wünschest, durchaus nicht. Tröste Dich, meine Liebe, und suche ein wenig mehr Gefallen an Büchern Dir anzueignen, Du glaubst nicht, wie deinem Geschlechte geistige Ausbildung zahllose Reize mehr verleiht.« – »Nun schön,« rief die Zurechtgewiesene, »wenn Du das meinst, Geliebter, so will ich morgen gleich das große Geschichtswerk zu studiren anfangen, das auf meinem Pult eingestäubt liegt, und das der galante, gelehrte Herr, der es geschrieben, die Güte gehabt hat, mir zuzueignen.« Dieses Gespräch wurde unterbrochen durch ein leises Klopfen, welches vom Saale aus sich hören ließ. Massiello war hingeschlichen, und als die Thüre sich öffnete, sah ein breites, äusserst freundliches Gesicht hinein und sagte: »Ist es einigen alten Fischern erlaubt einzutreten?« – »Aha!« rief der Fürst, »da kommen unsre Freunde, nur herein!« Die Thür ging jezt weit auf und zwei elegant gekleidete Jünglinge und eine dicke Figur in der Kleidung eines Weltgeistlichen traten ein. Sie begrüßten die freundliche Wirthin auf das artigste, und der ältere von den jungen Männern, ein bildschöner, aber bleicher Jüngling, nahm den andern an der Hand, indem er zu Jokonde sagte: »Dieser, mein Fräulein, ist der neue Freund und Schützling unseres Fürsten, dem die Erlaubniß ertheilt worden ist, dem schönsten Mädchen in dieser Stadt die Hand zu küssen.« Eduard, so hieß der Vorgestellte, neigte seine Lippen auf die dargebotenen, zarten Finger, und der Herzog, über die Schulter seiner Freundin gebeugt, sah dem erröthenden Jünglinge mit Huld in's blühende Antlitz. Die alte Aufwärterin und das junge Kammermädchen, beide ein wenig aufgeputzt, reichten Erfrischungen umher; Jokonde stand am duftenden, zierlichen Theetisch, die Tassen und das glänzende Geräthe ordnend. Der Abt

Siegwart war eine jener behaglichen Erscheinungen, die eine innere joviale Weltanschauung nach außenhin immer weiter und behaglicher ausrundet, auf dessen vollen Zügen immer ein heimliches Lachen nur auf den Moment zu lauern scheint, um in ein lautes auszuplatzen. Er wußte tausend Anekdötchen, mit denen er Markt machte und in den Häusern herumging, dabei spielte er trefflich das Pianoforte, und tanzte auch zu Zeiten, wobei er zu behaupten pflegte, daß es ihm gelungen sey, gewisse neue französische Tänze mit aller ihnen gebührenden leichten Grazie aufzufassen und darzustellen. Jezt, da er eine heiße, dampfende Tasse am Mund hatte, lächelte er höchst vergnügt und sagte: »Sollte man nicht glauben, theurer Prinz, diese unscheinbare Hütte sey die Zauberwohnung, in der die liebliche Undine, nach unsers Fouqué's Zeugniß, ihr tolles Wesen mit den anständigsten und vornehmsten Leuten treibt?« – »Wer ist diese Undine,« fragte Jokonde, »vielleicht die Frau des Herrn Fouqué?« Der Herzog lachte: »Schon wieder ein Irrthum,« rief er, »Du siehst, wie Du noch zurück bist; geh morgen sogleich und hole Dir das Buch aus Deiner Bibliothek!«

Der ältere der jungen Männer, den wir Robert nennen wollen, trat jezt zum Fürsten und sagte: »Dem alten Fleackwouth habe ich heute auf das Heiligste versprechen müssen, seinen Leichnam einst an den Galgen hängen zu lassen. Ich will nicht in die Erde – in die Luft, hinauf in die Luft; da wird mir wohl werden, und jener satte Ueberdruß, jener Erdgeschmack wird sich endlich aus meinem Gaumen verlieren. Am liebsten, meinte er, ginge ich als todter Mensch mit einem Luftballon einsam in die Lüfte hinauf, und triebe dann zwischen Wolken und Gestirnen, von träumerischen Winden hin und her geschaukelt, Jahrelang dort oben herum.« – »Eine sonderbare Idee!« rief der Fürst, »vollkommen dieses alten, wunderlichen Mannes würdig, der seinen Spleen noch mit sich in ein anderes Daseyn nehmen will. Ist er etwa wirklich gefährlich krank?« – »O, ganz und gar nicht,« erwiderte der Abt, »ich habe ihn noch gestern gesprochen; doch, da ich den alten Thoren kenne, hüte ich mich wohl, ihn nach seiner Gesundheit zu fragen, vielmehr erkundige ich mich angelegentlich, wann er sein Begräbniß zu veranstalten gedenke.« Dann lächelt er gewöhnlich still vor sich hin und ruft sehr bestimmt: »Das sollen Sie schon erfahren.« – »Jene Worte des Alten,« nahm Robert das Wort, »mahnen mich an einen finstern, eiskalten Traum, den einst meine junge Seele träumte. Es war mir, als erwachte ich in dem Stübchen, wo ich mit meinem Vater zusammen schlief. Es war ein kalter Wintermorgen, und ich bemerkte, wie der lange, etwas dürre Mann gebückt am Schreibtische saß, und, unverständliche Worte vor sich hinmurmelnd, einzelne Notizen in ein großes Buch eintrug. Jezt schlug er dieses zu, und der dumpfe Ton, der dabei durchs Zimmer ging, füllte mich mit einem tiefen Grausen. Mein Vater trat zur Wanduhr, und ich sah, wie er die Gewichte vorsichtig abnahm, und hörte die Worte: ›Jezt ist endlich das Ende da! alle Erscheinungen haben sich schon zu Millionenmalen wiederholt, die Welt ist reif zum

Untergang, die jüngste Stunde ist vor der Thür.‹ Ich kann es nicht beschreiben, wie diese, ruhig hingesprochenen, fast tonlosen Worte mein Innerstes erschütterten; ich krümmte mich auf meinem Lager zusammen, meine Glieder bebten, Frost durchrieselte mein Gebein. Also jezt – jezt, rief ich bei mir – jezt ist die lezte Stunde da! Als ich mich aufrichten wollte, bemerkte ich den Kirchendiener, welcher die Schlüssel des Gotteshauses abgab, die mein Vater, sammt den abgelösten Gewichten, tönend in eine Ecke des Gemachs hinwarf. Die Leute aus dem Dorfe kamen mit Laternen, um in der Finsterniß des Morgens den Weg zur Kirche zu finden; als die verschlossene Thüre sie nicht einließ, schüttelten sie die Häupter, und ich sah mit Entsetzen in ihre blassen Gesichter. Man brachte eine Leiche, und mein Vater trat an's Fenster und rief: ›Stellt, guten Leute, Euren Todten nur hierher, in mein Vorzimmer, es lohnt nicht, ihn zu beerdigen, denn bald werden doch alle Todten auferstehn.‹ Die Knechte gingen, und ich hörte, wie der Sarg mit dumpfem Geräusch im Vorzimmer hingestellt wurde. Jezt lehnte sich mein Vater weit zum Fenster hinaus, und schnitt mit einem langen, blitzenden Messer die Sonne und den Mond, die blaßroth am Horizont standen, vom Himmel ab, und zog sie, wie alberne, bunte Bilder, ins Zimmer hinein. Ich erschrack bis zum Tode; jezt war das kleine Licht, welches in unsrer Stube brannte, das einzige der weiten, kalten, dunkeln Schöpfung; ein mitternächtlicher Sturm wehte ins Zimmer, und drohte, es zu verlöschen; ich sah, wie mein Vater heftig zitterte. Er blickte mich starr an, und schien in

Erwartung eines mächtigen Ereignisses dazustehn. Jezt verlöschte ein Windstoß das Licht, und in dem Augenblick hörte ich, wie die Leiche im Nebenzimmer in ihrem Sarge sich aufrichtete. Der Schreck, der mich befiel, war so mächtig, daß ich erwachte, und lange nicht zur Besinnung kommen konnte. Wie groß war mein Entzücken, als ich die Sonne am Himmel stehen sah, wie sie ihre freundlichsten Strahlen zu mir auf's Lager sandte: nie hat mich ihr Anblick so erwärmt und beseligt.«

Die Freunde hörten diese Erzählung ruhig an, und nur Eduard erwiderte: »Was mich betrifft, so stelle ich mir einen Weltuntergang weit großartiger vor; viel lieber will ich mit einem zerplatzenden Feuerball in die Ewigkeit hineinfliegen, als an einem kalten Wintermorgen verkümmern.« – »Sie haben Recht,« nahm der Abt das Wort, »auch mir geht es so; ist nun einmal unser armer Leib dazu ersehen, an jenem merkwürdigen Tage zu erfrieren oder zu verbrennen, so will ich doch das leztere gewählt haben. Das Feuer ist an und für sich schon Leben und Poesie, aus einer tüchtigen Winterkälte kann ich aber, trotz alles Grübelns und Deutens, keine nur einigermaßen dichterische Bedeutung herausfinden.« – »Jeder muß auf seine Weise untergehn können,« rief Robert, »so wie Jeder auf seine Weise in den Himmel steigt; ich will nun einmal auf keine andre Art abhanden kommen. Mir ist jenes Erstarren das finsterste Bild der Vernichtung; alles, alles schwindet – jeder die Seele wärmende Gedanke flieht – das Meer des Lebens erstarrt langsam, bis es endlich in seinen Grundtiefen bezwungen da liegt. Ich kann mir denken, daß in diesem fürchterlichen Zustande der Gedanke an eine durch Feuer erzeugte Pein noch ein Labsal ist, daß die Seele dürstet nach Verzweiflung, ja, daß die kälteste Resignation für sie noch zu warm ist, um sie zu fassen.« – »Abscheulich,« rief der Herzog, »und doch wahr! Ist denn unsre Zeit mit ihren Wirkungen etwas anders, als ein langsames, bis zum Herzen vorrückendes Erstarren?« Er warf sich auf einen Sessel und stützte sein Haupt auf die Rechte. Jokonde ging unruhig hin und her; es war ihr unlieb, daß das Gespräch eine Wendung genommen hatte, welche die heitre Stimmung des Geliebten, mit welcher er heute Abend erschienen war, zu vernichten drohte. Sie wurde noch unzufriedener, als Robert sich jezt erhob um Abschied zu nehmen, da eine kleine Reise, die er vorhabe, sich nicht länger aufschieben lasse; der Abt begleitete ihn. »So verläßt mich denn alles,« rief der verstimmte Fürst; »ich soll es lernen, wie elend und traurig es ist, allein im Leben dazustehn.« Jokonde schmiegte sich an feine Brust; sie hatte den jungen Eduard gebeten, die Harfe zu ergreifen und ein erheiterndes Liedchen vorzutragen. Massiello war auch fortgeschlichen, unter dem Vorwand, er wäre zu einer Leichenbestattung gebeten, von der er unmöglich ausbleiben könne. So blieb der Herzog mit Jokonde und Eduard allein. Eine lange Pause herrschte, der Fürst hatte sich am Kamin hingeworfen, sein Blick verfolgte die züngelnden Flammen, Eduard lehnte an der Harfe, auf welcher er, wie im Traume, einzelne Akkorde anschlug; auf einer Fußbank beim Herzog, das Köpfchen an seine

Kniee gelehnt, lag Jokonde. Am Himmel stand der Mond und glänzte im Fluge hinter flatternden Fetzen des zerrissenen Mantels der Nacht hervor, der Herbstwind warf die nackten Zweige des Baumes am Fenster an einander und zog in hohlen Tönen im Kamine auf und ab. »Das Leben ist so arm,« rief der Herzog, »und doch vermag eine liebliche Schwärmerei es reich zu machen!« – Eduard sang das Lied vom König von Thule. – »Ja, ja,« seufzte der Fürst, »so möcht' ich enden! Jokonde, prüfe Dich, Du gutes Mädchen, könntest Du wohl eben so handeln, wie jene Buhle?« – »Noch mehr, noch mehr für Dich!« rief sie, und ihr Lockenkopf hob sich, die Züge ihres engelschönen Angesichts im Ausdruck der reinsten Zärtlichkeit zu enthüllen. Es lag auf ihrem Antlitz die sinnliche Andacht eines Raphaelischen Engels, der vor einer Heiligen kniet; der Herzog zog sie entzückt an sich, sein Auge flammte, und Eduards Lied jubelte in hellen Tönen auf. »Du mein Geliebter, Du mein angebeteter König,« lächelte das liebliche Kind weiter, »Du schönster unter den Männern, nicht wahr, Du bezahlst doch morgen meine Schulden? Neun hundert Gulden, mein Geliebter!« Der Herzog nickte ihr zu, wand sich aber aus ihrer Umarmung plötzlich los, schlug die Falten seines Mantels schnell über's Gesicht, stand auf und warf einen zornigen Blick Eduarden zu, der sein begeistertes Lied eben mit einigen schreiend albernen Noten absprengen lies. Beide verließen das Gemach und Jokonde blieb ohne Antwort, verstimmt und verwundert am Kamine stehen.

Draußen war eben der erste Schnee gefallen, der Himmel hatte sich umzogen und lag wie ein kaltes, enges Gefängniß-Gewölbe über der Erde, nur von dem matten, trüben Mond, wie von der zurückgelassenen Laterne des Gefangnen-Wärters, erleuchtet. Der Sturm hatte sich gelegt. Die Straße, wo die lezten Häuser aufhörten und das weite, öde Meer sich ausdehnte, lag in Schnee und Nebel gehüllt, kein Luftzug rührte sich, alles war todt und stille. Da kam die Straße daher ein einsamer Wagen, mühsam von einem alten Gaul geschleppt, der von den dumpfen Tönen des Fuhrmanns von Zeit zu Zeit angespornt wurde, hinten drein gingen zwei Männer, hängenden Hauptes, in weite Mäntel geschlagen. Auf dem Wagen, als er näher kam, bemerkte man, etwas erhöht, einen kleinen Sarg mit einer Kinderleiche. Der Herzog und Eduard standen bei diesem Anblicke tief ergriffen stille, und bemühten sich, den wunderlichen Zug aufzuhalten; endlich gelang es ihnen, einem der schwarzen Begleiter Antwort abzugewinnen, er schlug den Mantel vom Antlitz, und der Herzog erkannte den alten Fleackwouth, neben ihm stand Massiello. »He, was treibt Ihr hier, Leute?« fragte der Fürst, »was ist es mit dem Kinde; ist es etwa eines von deinen vielen, Massiello, die Du jezt mit dem ersten Schnee abzuschütteln gedenkst?« Der Alte sah den Herzog mit einem schmerzlichen, fast weinerlichen Ernst an und sagte hohl: »O, ich bitte Euch – nur jezt keine Scherze, nur jezt nicht; haltet mich auch nicht auf, denn ich trage jezt meine Jugend zu Grabe, und dieser treffliche Mann hier folgt mit mir der schönen Leiche.« – »Ja, ja,« rief

Massiello, »so ist's, laßt uns gehn, damit wir anlangen, ehe der Kirchhofwächter die Thore seiner Stadt schließt, und wir keinen anständigen Gasthof zur Verwesung mehr offen finden.« Der Herzog sah den Alten starr an, ein Schauer schien ihn zu durchfrösteln, er sah in die neblichte Nacht hinaus, dann auf den stillen, gespenstigen Zug und auf die blasse Kinderleiche, und stöhnte: »Seine Jugend begräbt er! Ja wohl, ja wohl ist es dann erst Zeit, daß das ganze alberne Fastnachtsspiel des Lebens zu Ende gehe?« Eduard hatte sich indeß an die Leiche gemacht und rief: »O, seht Prinz, ein Kinderkopf aus Wachs geformt, mit weißen Tüchern sauber umwickelt, und diese Puppe läßt der Alte wahrhaftig als Leiche vor sich hin tragen!« – »Laßt ihn, laßt ihn!« gebot der Herzog leise und kurz. Der Zug sezte sich wieder in Bewegung, und Massiello sang mit lauter, kreischender Stimme ein Lied aus einer Kinderfibel nach einer frommen Melodie, so daß die Töne aus dem fallenden Schneegestöber hervortönten, als der Zug schon längst den Blicken entschwunden war. »So,« rief der Herzog, indem er, in seinen Mantel geschlagen, von einer trüb leuchtenden Laterne beschienen, einsam dastand, »so trägt jeder am Ende seine Jugend heim; einmal im Leben muß dies trübselige Leichenfest vor sich gehen! Ach, die süße, göttliche Jugend! Da hatte der seltsame Alte nun alle jene traulichen Pfänder der Lust, Bänder und Tücher der verstorbenen Geliebten seiner Jugend, dem Püppchen umgebunden, mit dem zärtlichen Andenken jeder glücklichen geschwundenen Stunde es umhangen, und geht nun mit der kleinen Leiche hinaus.

Auf dem Grabe, das diese Schätze in sich aufnimmt, sizt nun der arme, alte Mensch und legt den kalten, versteinerten, von Jugend und Liebe verlassenen Körper als Leichenstein auf den Hügel.« Der junge Eduard sah den großen, schönen Mann schweigend und betrübt an; er wollte eben einige Worte des Trostes vorbringen, als jener mit einer leidenschaftlichen Bewegung seine Rechte auf die Schulter des Jünglings stüzte und mit einem Tone des tiefsten Jammers ausrief: »Schenke mir Deine Jugend, fülle diesen Busen mit Wärme, und Du sollst über mich gebieten!« Eduard schmiegte sich an die edle Gestalt, ein geheimnißvolles Bangen erfaßte sein ganzes Wesen, es herrschte eine minutenlange Pause, und langsam fielen die Flocken auf die beiden finstern Gestalten herab. »Lassen Sie uns gehen,« rief der Herzog, »die Nacht wird kalt.« – Sie gingen um die Ecke und verschwanden bald in der Finsterniß. –

In die Malerstube des alten Hofmalers Gotthold hatte seine Tochter Emilie ihren Verlobten hinbeschieden, weil der junge Eduard ihr zu wissen gegeben, es drücke seine Brust ein Geheimniß, und zwar ein freudiges, welches sein Mädchen erfahren müsse. Dem aufhorchenden, schönen Kinde berichtete jezt der, durch die Eile noch fast athemlose Jüngling sein sich immer fester knüpfendes Verhältniß mit dem Herzog und dessen Freunden, die Ereignisse des gestrigen Abends; er beschrieb das freundliche Wesen der fürstlichen Geliebten, und ihre zarte Beachtung jedes Fremden, der sich ihrem Zirkel nähere; zulezt fragte er das zu Boden sehende Mädchen um ihre

Meinung. »Was soll ich zu dem allen sagen,« entgegnete sie mit sanfter Stimme, »Du hast es ja gewollt, Dein Bestreben ging ja immer dahin, mit diesen höhern Ständen in Berührung zu treten; jezt hast Du es.« – »Freilich hab' ich, was ich wollte,« rief der begeisterte Jüngling, »doch, freue Dich mit mir: das fehlt mir noch.« – »Freuen?« entgegnete das besorgte Mädchen, »die Zeit wird lehren, ob ich dazu Ursache habe. Ich bin nur zufrieden, Dich deinen dicken Folianten und der pressenden Kante deines Schreibpults entzogen zu haben. Mir kam es öfters vor, als stählen jene kleinen schwarzen Zeichen, deren Du so viele täglich auf das blendende Papier maltest, allmählig das schöne leuchtende Roth auf deinen Lippen und Wangen.« – »Wie poetisch!« rief der Jüngling. »Nicht das,« entgegnete unwillig das Mädchen, »ich will nichts Poetisches sagen; etwas Wahres, meine Empfindung habe ich Dir ausdrücken wollen.« – »Nun ja – und ist es nicht hübsch, daß deine Empfindungen poetisch sind?« – Emilie sah ihn mit einem langen, fragenden Blick in die Augen, dann sagte sie etwas leiser und stockend: »Ich habe eine Furcht vor der heutigen Poesie; ich glaube, daß deswegen die Leute so bleich und hohläugig – und wieder auf der andern Seite so elend und jämmerlich herumlaufen, weil sie so poetisch sind. Der Vater wird Dir meine eigentliche Meinung besser erklären, ich muß immer fürchten, ausgelacht zu werden, wenn meine ungelenke und unwissende Zunge dergleichen Dinge berührt.« – Eduard küßte seine erröthende und schmerzlich lächelnde Geliebte. Indem trat der Vater herein, und packte einige

mitgebrachte Bilder aus; er wurde sogleich ins Interesse gezogen, und um seine Meinung, rücksichtlich des Fürsten und seiner Freunde, befragt. Gotthold schob seine Brille auf die Stirne hinauf, die von einem Rest des silberhellen Greisenhaares spärlich bekleidet wurde, und sagte zu dem am Fenster lehnenden Jüngling: »Ich denke, Du kennst meine Ansicht rücksichtlich dieser Herren; es sind Zeitbilder, elegante Herren. Der eine schreibt bittersüße Verse, der andere bringt ganz unerhörte Noten zusammen; aus dem dritten, dem Dicken, bin ich noch nicht recht klug geworden; der berühmte Mann scheint in ihm noch nicht reif geworden zu seyn, gleichsam noch in der Hülse zu stecken. Sie sind alle aber sehr unzufrieden, nicht allein über ihren übel zugeschnittenen schwarzen Frack, sondern auch sogar über das Leben. Vielleicht haben sie auch Recht; prüfe selbst, mein Sohn. Du hast zu deinem Wissen einen tüchtigen Grund gelegt; die Meinungen der alten Weisen und Dichter haben deinen Geist bilden helfen, nun richte den Blick in's Leben, besuche die weltverbesserlichen Thee's, die Diner's, wo die vornehme Zerknirschung, der zahme Egoismus und die kalte Resignation sammt der Sinnlichkeit Tafel halten und sich bei den Gerüchen der Schüsseln aus fremden Zonen betäuben. Mir ist nach vielem Streit unerwartet und wider mein Verdienst ein schöner Friede geschenkt worden.«
Als Eduard am Abend sich entfernte, um am andern Morgen zum Herzog zu gehn, winkte ihm das blaue Auge seines Mädchens in die tiefe Fensternische hinein. Sie sprach nicht, sie zwang sich zum Lächeln, doch eine

Thräne fiel über dies falsche Lachen hinweg. Jezt hatte sie Eduarden geschwind etwas umgehängt und in den Rock gesteckt. »Nicht jezt gesehen,« rief sie, »nicht jezt – erst auf der Treppe, wenn Du fort bist; es ist ein kleines Geschenk, und Du mußt nicht über mich lachen.« Sie wandte sich weg, ergriff das Licht und leuchtete ihm herab. Als er unten war, trat er an eine Laterne, zog die Gabe aus dem Busen, und erkannte ein kleines, goldnes Kruzifix. »Wie sie heimlich und beschämt ihren Gott wegschenkt,« dachte er mit Lächeln bei sich; »damit er mir folge, wohin ihr Auge nicht folgen kann, gibt sie ihn.« –

Zu der bevorstehenden Vermählung des Prinzen war, nebst andern Gästen, auch der Graf Eberhard angelangt, ein Mann, den man fürchtete, weil er im Rufe stand, geheime Verbindungen zu leiten. Eduard sah ihn beim Herzog, und den nächsten Tag erfuhr auch seine Emilie die neue Bekanntschaft. »Er hat die ganze Welt umreist,« erzählte der Jüngling, »alles gesehen. Auf den Trümmern von Athen hat er melancholische Nächte einsam durchwacht; vor den Königsgräbern zu Memphis hat er fragend gestanden; an die Catheder unsrer größten Philosophen hat er zerschmetternde Theses angeschlagen; in Schottlands Gebirgen hat er mit Ossians Schatten verkehrt, und, ein zweiter Manfred, hat er die Gipfel himmelstürmender Alpen bestiegen, um in gräßlicher Einsamkeit dem nahen Himmel Fragen vorzulegen, die das Blut eines Geschaffenen starren machen.« – »Halt ein,« rief das erschrockene Mädchen, »was will der wahnsinnige

Mensch bei uns? was bei Dir?« – Eduard mußte lächeln, aber Emilie sah ihn bittend an: »Sprich von etwas Anderm,« sagte sie rasch; »wie erscheint Dir diese Jokonde, wie benimmt sie sich, wenn so viele Herren sie umkreisen? Man sagt mir, sie soll schön und freundlich seyn?« – »Das ist sie,« erwiderte der Gefragte, »sie kann, wie ein Kind, scherzen und muthwillig lachen; wie ein Kind schuldlos, unbefangen die frischen Lippen öffnet und die leuchtenden weißen Zähnchen enthüllt. Ihre Kleidung ist, glaub' ich, immer nach der neuesten Mode, und ein vielfach gewundener Schawl läuft ihr manchmal durch beide Arme durch.« – »Das ist nicht möglich,« rief Emilie, »von einer so sonderbaren Mode steht nichts im Journal.« – Eduard entzog sich geschickt einem Examen, dem er so wenig gewachsen war. –

Wieder schimmerten die zauberhaft erleuchteten Fenster des stillen Fischerhäuschens in den Hof hinein, wieder trieb Massiello, gleich einem bunten, abentheuerlichen Kobold die Gruppen der Gäste durch einander mit der geschwungenen Geißel seiner Laune. Vor dem leuchtenden Theetisch aber saß die Graziengestalt in den faltigen, breiten Aermeln, mit dem Köpfchen, dessen Goldgeringel diesesmal, auf modische Weise in einen Apolloknoten geschürzt, in zwei Psycheflügel sich spaltete gegenüber stand der Graf Eberhard in einer eckig halbzusammengebrochenen Stellung und redete in unheimlicher Tiefe mit dem schönen Kinde über die Kerzen herüber. Eduard konnte sein Auge nicht von der Gestalt fortbewegen, seine Seele war in der größten

Spannung, denn der Graf hatte versprochen, heute ein kleines Manuscript vorzulesen. Als er jezt die Worte: Italien, Schweiz hörte, riß er sich fast gewaltsam vom sprechenden Abt los und trat an den Theetisch, eben als der Erzähler langsam und mit zuckenden Lippen die Worte sprach: »Es geht mir nichts über die pikante Fäulniß Roms, dieses ewigen Juden unter den Städten, diese Stadt, die nicht sterben kann, so tief sie auch von der Last des menschlichen Elends gebeugt worden. Die Geschichte dieser armen Roma ist die Geschichte eines Menschen, der an einen Gott geglaubt hat, und dem nun jede Stunde spottend zuruft: du hast geirrt, es gibt keinen!« Diese Worte fielen brennend in Eduards Seele, er fuhr lebhaft auf, um etwas zu erwidern, als Jokonde ihm eine Tasse Thee hinreichte, und zum Grafen sagte: »Hier ist ein junger Mann, der auch in Rom gewesen ist, und dem, so wie mir, die Makaroni's vortrefflich geschmeckt haben.« Der Graf warf einen kurzen, matten Blick auf den Jüngling, und dieser hätte vor Verdruß weinen mögen, daß das dienstwillige Fräulein ihm so täppisch die Makaroni in den Mund schob. Der Herzog trug jezt Stühle herbei, und der Graf, indem er ein paar Blätter aus dem Busen zog, sagte zu diesem:

»Eure Durchlaucht haben es Ihrer großen Gnade, mit der Sie mich beehren, zuzuschreiben, wenn diese Mittheilungen Sie etwa belästigen sollten. Es sind Bekenntnisse eines Freundes, von dem ich nicht entscheiden will, ob ich ihn für glücklich oder unglücklich halte. Das Lebensräthsel läßt viele Deutungen zu. Mein

Freund war bestimmt, ein Geistlicher zu werden, und in diesem Aufsatz wird sein Eintritt in's Klosterleben geschildert.« – Eine Pause herrschte, und der Graf erhob seine Stimme indem er folgende Worte las:

»Alle menschliche Größe ist Lüge, alles Hohe und Heilige ein läppischer Selbstbetrug! Die wilde Naturflamme der Sinnlichkeit bläst üppige farbige Kugeln vor sich hin, die wir Tugend, Glauben, Wahrheit nennen, und die im nächsten Augenblick zerplatzen. Die Seele ist die Krankheit des Leibes, die Lügnerin, die ihm einen Himmel vorspottet, und ihn aus sich und seiner Bestimmung reißt; diese Bestimmung aber ist, zu keimen, zu wachsen, thierisch hinzuträumen und wieder spurlos zu vergehn; jeder Glaube an ein anderes Ziel, an einen andern Zweck ist der lächerlichste Betrug. Ich bin frühe zur Wahrheit hindurchgedrungen, und meine Lippen tranken aus dem Giftbecher als sie noch jung waren. – – Mein Oheim, der die Wünsche der Eltern erfüllte, brachte mich als siebzehnjährigen Knaben in's Kloster der schwarzen Brüder. Schauerlich finster lag dieses Asyl menschlichen Elends; zwischen Felsenwände eingeklemmt ragten die Thürme des alten Baues in die Luft, und um dem Strahl des Lichts den lezten Zugang fast zu rauben, warf ein Kranz finstrer Buchen und Tannen von oben herab seinen bläulichen, kalten Schatten in den dämmernden Klosterhof. Hier schlich ich mit ängstlich fragenden Blicken herum, wenn die schwarzen Gestalten der Brüder sich an mir vorbeibewegten, wenn ich ihre wankenden Schritte hörte, mit welchen sie in die Nacht der hohen, von

einem spärlichen Lämpchen erhellten Kreuzgänge
verschwanden, hier sann ich den trüben Wundern nach, die
die Knie meiner Brüder beugen machten. Ein langer,
dürrer Mönch, mit einem Gesichte, wie eine kalte
Steintafel, ging mir nach und hütete die Einsamkeit meiner
kleinen Zelle. Oft wenn ich ihn um Mitternacht durch die
Kirche aufrecht, wie ein im Sarge erkalteter Körper,
schreiten sah, fiel der Schatten seines vorüber wandelnden
Leibes wie eine schwarze, stille Gottesläugnung auf die
Bilder der göttlichen Helfer. Er war nie aus der dunkeln
Keller tiefe des Klosters an den warmen Mittag oben
hinaufgestiegen, nie mochte er lächeln, nie eine bunte
Blume, einen grünen Baum sehen, ein grauer Vorhang
verhüllte auf immer die Aussicht seines kleinen
Zellenfensters. Dieser Mann[25] war es, der mir seine
nähere Aufmerksamkeit schenkte; er gab mir eines Tages
ein Buch, in welchem sich schöne Abbildungen jener
frommen Helden der Kirche befanden, deren Geschichte
meine junge Brust entflammt hatte. Wie selig war ich im
Besitz eines solchen Schatzes. Wenn die mitternächtliche
Glocke ihre einsamen Laute durch die Nacht tönen ließ,
wenn alles im Kloster ruhte, dann fand ich Mittel von
meinem Lager mich zu erheben, dem Corridor entlang,
dem heiligen Muttergottesbilde vorbei, leise schleichend
eine kleine, versteckte Thür zu öffnen, die mich in ein
hochgelegenes Thurmstübchen leitete, wo sich eine Bank
und ein Tisch von Stein befand. Hier hörte ich nun die
Bäume auf den Felsen dicht über mir rauschen, hier
konnte ich den Himmel mit seinen Sternen sehen, hier fuhr

oft der Sturm, der unten schwieg, mit tönendem Brausen durch die Gitterstäbe meines kleinen Fensters und drohte das flackernde Lämpchen zu verlöschen, welches vor mir auf der Steinplatte seine unruhigen Lichter und Schatten warf. Ach, ich kann die Seligkeit, den herzzerreißenden Schmerz, die ahnende Wonne, die träumerische Begeisterung und die trunkene Entzückung nicht beschreiben, die in jenen wunderbaren Nächten mein armes Knabenherz befiel. Ich lag auf beide Hände gestützt, das Buch auf meinen Knieen, die blonden Locken meines Hauptes drüber hinfließend – stundenlang auf den kalten Steinen und hing mit verzehrender Glut an den Bildern meines Buches. Der Gedanke ging endlich in mir auf, daß auch ich ähnliche Wunder wirken könne, daß auch mein schwacher Körper die Glut des Himmlischen durchströmen und weihen könne. Nicht achtend auf die Vermessenheit solcher Gedanken, flog meine jubelnde Phantasie immer höher; bald zweifelte ich nicht mehr an meinem hohen Beruf; konnte wohl Gott ein Herz, das so brünstig sich ihm näherte, verstoßen? Ich faßte die ganze Stärke meiner Seele, niederstürzend lag ich im Staube vor ihm, und erbat unter strömenden Thränen ein Wunder. Gleich dem heiligen Faustinus wollte ich die Stäbe meines Fensters schütteln und sie wie Rohrstäbe brechen. Buße und Geißelung huben jezt an, und sollten jeden Funken der irdischen Begehrlichkeit in mir ersticken. In der Einsamkeit meiner Thurmzelle floß mein Blut unter Geißelstreichen und färbte den Steinboden; kein Gebet, keine Fürbitte wurde verabsäumt, Hunger und

Nachtwachen hatten meine Glieder der Fülle der Jugend entkleidet; endlich glaubte ich reif zu seyn, für das mächtige Werk. In einer Nacht, wo ein fürchterliches Wetter sich über unserem Kloster entladete, faßte ich im Wahnsinn jene Eisenstäbe, raste in Entzükung und wandte alle Kraft an, sie zu brechen, – sie brachen nicht – und ohnmächtig stürzte ich auf die Steine des Bodens. Als mich die Brüder oben fanden, erhielt ich eine strenge Züchtigung und mein geliebter Thurm blieb mir auf immer verschlossen. Wenige Tage nach diesem Ereigniß hatte ich den Muth, aus den Klostermauern hinauszuschleichen, um in den nahen Forst mich zu verlieren. Meine Seele, die in Betäubung lag, dürstete nach Einsamkeit. Rastlos forteilend gerieth ich bald in viele Waldpartien, und kaum hatte ich ein finsteres Rasenplätzchen mir ausersehen, um mich mit meinem Wunderbuch dort niederzulassen, als ein Geräusch in meiner Nähe mich plötzlich emporschreckte. Wer beschreibt mein Entsetzen, als ich dicht vor mir ein Ungeheuer erblickte, welches den heißhungrigen Rachen schon aufsperrte, um meine zitternden Glieder zu verschlingen. Thränen stürzten aus meinen Augen, in der Angst und Verwirrung stürzte ich auf meine Knie und meine Arme hielten, einem dunkeln Triebe folgend, dem Wolfe die Blätter meines aufgeschlagenen Wunderbuches entgegen. Nicht so bald hatten die grünen funkelnden Augen des Scheusals die geweihten Schriftzüge erschaut, als die fürchterliche Gestalt langsam zu weichen begann; ich rutschte auf den Knien ihr nach, immer das Buch gerade vor mich hin haltend und, o dreimal herrliches

Wunder, das mörderische Thier heulte laut auf und entfloh furchtsam ins Dickicht. Ich blieb noch, auf meinen Knien liegend, ein heißer Strom der Entzückung überstürzte mein Gebein; meine Besinnung drohte zu schwinden, und mein umherschauender Blick glaubte Gesträuch und Bäume, Himmel und Wolken in einem überirdischen Glanze leuchten zu sehen. Grüne züngelnde Flammen lösten sich von den Spitzen der Bäume, rothe Lichter entsprangen dem Schoße der Waldrosen, Sonnenflocken träufelten von oben herab und diese bunten Lichter vereinigten sich und flossen zu einer hellen Krone um die gelben Locken meines Hauptes, mein Gewand ward Licht – ich selbst war in einen Heiligen verwandelt. Mir war ein Wunder gelungen, der Himmel hatte meine Gebete erhört; schon sah ich im Geiste eine gläubige Menge zu meinen Füßen knien. Als ich im Kloster wieder ankam, hatte Niemand meine Abwesenheit bemerkt, dem blassen Bruder, der mich besuchte, warf ich mich an den Hals, mit der Glut meines jungen Busens erwärmte ich seine eiskalte knöcherne Brust, – mein göttliches Geheimniß ward das seinige. Er sagte nichts, doch zuckte es um seine bleichen Lippen. An einem Nachmittage rief er mich zu sich in seine Zelle. Ich zweifle nicht, mein junger Bruder, sprach er, an deine wunderthätige Kraft, doch treibt der Lügengeist mich an, dich zu versuchen, komm, überzeuge, erleuchte mich. Mit diesen Worten brachte er den wilden Hund des Klosterhofes herbei, und indem er das wuthschnaubende Unthier an der Kette festhielt, sagte er zu mir: Nun, mein Bruder, jezt nimm dein Buch, halte es

31

gegen dieses Thier, und wenn du anders wahr geredet, und an den Himmel glaubst, so wird die Wuth des Hundes nichts gegen dich vermögen. Du sagst es, rief ich mit starker Stimme, so wahr der Glaube an des Himmels Kraft kein Spott ist, so wahr wird mir der Hund nichts Böses anthun können. Jezt sank ich auf meine Kniee und entblätterte mein Buch – in dem Augenblick entsprang das Thier seiner aufgeknüpften Kette und – o, es ist lächerlich, – die Bögen meiner Schrift lagen zerrissen vor mir und ich fühlte die jähen Schmerzen, wie die grimmigen Zähne des Hundes sich tief in mein Fleisch einbohrten. Als ich am andern Tage aus meiner Ohnmacht erwachte, lag ich in meiner Zelle, der bleiche Bruder stand neben mir, und ich bemerkte im hellen scharfen Strahl des Mondlichtes, wie sich sein blasses Gesicht in einem grinsenden, tonlosen Lachen weit spaltete, und sich dicht über mich beugend, so daß sein kalter Othem an meiner heißen Fieberwange erwarmte, sagte er leicht und immer fortlachend: Albernes, warmes Kind, dein Fleisch hat dich bethört, es gibt keinen Himmel! Merkst du nun endlich, daß es ein böser Geist ist, der mit uns spielt. Ich hörte diese Worte nicht mehr, mein Herz brach und in einem Blutstrahl, den ich ausspie, schwanden mir die Sinne von neuem. In einem Fiebertraum, der mich zwischen Tod und Leben schwebend erhielt, sah ich den blassen Bruder öfters, wie er in der Kirche herumging und mit dem weiten Aermel seiner Kutte die Bilder der Heiligen auslöschte; dann leuchtete er hin und auf dem matten, schwärzlichen Grund zeigten sich nun scheußliche, ekelhafte Fratzen, die

32

Menge aber kam und kniete andächtig nieder und sah die entsetzliche Verwandlung nicht. Schuldlos lächelnde Knabengesichter, blühende Mädchenköpfe blickten vom Chor hernieder; vor dem Allerheiligsten stand jedoch der fürchterliche Blasse und sang schamlos wahnsinnige Lieder in andächtigen Tönen ab. Eine dreimonatliche Krankheit hielt mich am Lager fest, in den fürchterlichsten Krämpfen drohten meine entzündeten Sinne unterzugehen, als endlich die aufstrebende Natur siegte, die Krisis vorüberging, lag ich auch, eine kalte Leiche, da, mit einem Herzen, das nichts mehr bewundern, nichts mehr lieben konnte. Mein Auge war entsiegelt, was Tausende von Menschen in ihrer Blindheit fesselte, hatte auf mich seine Macht ewig verloren; ich sah das höhnende Gerippe durch die bunten Fratzen durch, mit denen die schmeichelnden Sinne, der Wahnsinn und die Thorheit es umkleiden. Als ich genesen, führte der bleiche Bruder mich nun immer weiter auf die eisige Höhe der Erkenntniß; ich sog von seinen Lippen den schneidenden Spott, die kalte Verachtung, den schlafmüden gähnenden Ueberdruß mit Begierde ein; ich verachtete die schwachen Seelen, welche dem Wurme gleich sich krümmten unter den Tritten eines tyrannischen Geschicks; mich mochte sein plumper eiserner Fuß zertreten, was lag daran, wußte ich doch, daß ich dann auf ewig dem Nichts wieder dahingegeben war, aus dem ich wider meinen Willen zu Qualen hervorgerufen worden. Ich konnte in meiner Ueberzeugung mich nicht einmal zu dem Glauben eines Lehrers zwingen, als beherrsche den Menschen ein böses, tückisches Wesen; wie möchte ein solches Freude daran haben, mit einem Geschöpfe zu spielen, das wie ein läppisches Uhrwerk sich selbst überlassen, zeitig genug an seiner eigenen Erbärmlichkeit sich aufrieb und vernichtete. Die Thräne der glühendsten Andacht, ist sie mehr als das Werk eines durch Sinnlichkeit und Eitelkeit hervorgekitzelten Nervs, ist sie etwas edleres, als das Lächeln auf der Lippe eines Wollusttrunkenen?« –

Der Graf hatte geendet und lag zusammengesunken da, der Herzog träumte vor sich hin; Eduards Seele war ganz Leben und Bewegung, er glaubte einen Blick in das Innere des wunderbaren Mannes gethan zu haben, und seine Ueberzeugung war, daß der Graf seine eigene Geschichte vorgetragen habe, er wollte ihn mit einer Rede voll Glauben und Frühlingswärme ansprechen, da richtete jener das Auge auf ihn und jener matte, Ueberdruß blickende Strahl fiel entkräftigend in seine Seele. Selbst Jokonde erschrack vor diesem Blicke, und fragte schnell, ob der Graf nicht noch eine Tasse Thee befehle, oder ob sie, um die Gesellschaft zu erheitern, etwas spielen solle. Der Graf nickte und der Herzog sprang auf, um einen dankenden Kuß auf die Stirne des schönen Mädchens zu drücken. Massiello nahm förmlich Abschied, und führte zur Entschuldigung an, wie er jezt gerade ein altes, höchst seltsames Liebeslied dichten wolle, welches in seiner ganzen Lebendigkeit in ihm aufgegangen sey, als der edle Graf von der absoluten Thierheit so vortrefflich gesprochen, und da wolle er zwei recht gesunde Leute, denen es gelungen war, auch das lezte Restchen von Seele,

Tugend und Unsterblichkeit wegzuschleudern, in recht kräftiger Naturfreude zusammenführen. Der Herzog ließ ihn gehen, und auch der Graf nahm Abschied. Ein freudiges Ereigniß war, daß jezt die Thür sich öffnete, und die beiden Flüchtlinge, Robert und der Abt, hineintraten. Man hörte nicht viel auf ihre Reiseberichte, der Herzog umarmte leidenschaftlich einen um den andern, Jokonde brachte allerlei Possen vor, und endlich mußte der Abt sich an das Pianoforte setzen, um einen seiner französischen Tänze zu spielen. Er protestirte heftig, indem er behauptete, daß sein Verlangen, unter den Tanzenden eine Stelle einzunehmen, viel zu mächtig sey, besonders wenn sein Glück es ihm gestatten wolle, an der Seite des schönen Fräuleins seine Geschicklichkeit zu zeigen. Man kam seinen Wünschen zuvor, Eduard setzte sich zum Spiel und lächelnd folgte das reizende Mädchen seinem alten Grazioso, indeß der Fürst und Robert sich gegenüberstellten. Jokonde machte jene leichten Sprünge, die ihr durch ihre natürliche Anmuth immer das Entzücken der Zuschauer erwarben, indeß der Abt, ihr schief gegenüberhängend, sich in künstlichen Tanzfiguren erschöpfte und endlich damit endete, mit einem bösartigen keuchenden Husten einzugestehen, daß er sein schönes Vorbild unmöglich erreichen könne. Ein leises Gelächter wurde hörbar, als er abtrat; und jezt stellte sich der schöne Robert an seine Stelle. Die Musik floß wie mit Inbrunst in die reizenden Verschlingungen und hob auf klingenden Wogen die schönen Tänzer wie im Triumph auf und nieder. Der Herzog glaubte zu bemerken, daß Jokonde die dunklen Augen des jungen Engländers suchte und hustete verstimmt. Als man geendet hatte, trat die Dienerin herein und meldete, es stehe im Vorzimmer ein kleiner verdrüßlicher Mann mit einer spitzen, äußerst saubern Nachtmütze, er habe kurz und ungeduldig anbefohlen ihn zu melden. Die Gesellschaft trat neugierig zusammen, die Thüre ging auf und eine seltsame Figur mit rückwärts flatterndem Schlafrock eilte herein, bemächtigte sich eines Stuhles, bestieg ihn und sich leise räuspernd und bückend hub sie mit feiner Stimme zu sprechen an: »O meine Herrn, wenn Sie wüßten, wie krank ich bin; man beobachtet mich und hält meine arme kleine Person in einem weitläuftigen Gebäude verschlossen, so weit ist es mit der Despotie des Pöbels gekommen; sie sezt die Zeit selbst gefangen, indem sie vorgibt, mich zu befreien. Ach, es ist etwas beklagenswerthes um die Ehre, der Gott der Zeit zu seyn! Ja, Madame, lächeln Sie nicht, ich bin die Zeit. Eigentlich sollte ich Sie verspeisen, da Sie mein Kind sind, aber diese Untugend habe ich mir schon längst abgewöhnt. Du lieber Gott, meine Kinder heut zu Tage schmecken erbärmlich schlecht, es ist eine grenzenlos fade Speise, die den besten Magen verdirbt – freilich wäre ich jung – ach damals, damals! still, still! das ist der Wurm – ganz im Geheim, lieben Freunde, ich bin alt, sehr, sehr alt. Sehen sie dieses altgermanische blonde Lockenhaar, das unter meiner Mütze auf die Schulter herabwallt, es ist falsch und deckt meinen nackten Scheitel, der sonst ganz erbärmlich frieren würde; der lederne Koller, den mir Götz von Verlichingen geliehen, ist nicht genug, die enge kalte

Brust zu wärmen, unter ihm trage ich eine Jacke von Flanell, die ich aber sorgfältig verstecke; den Wertherfrack ziehe ich manchmal noch drüber, ich liebe ihn, weil er so stark nach Pulver und Lebensüberdruß riecht. Uebrigens ist mein Gebein von der Studierlampe durch und durch gedörrt, mein Körper hat allerlei seltsame Einbeugungen und Auswüchse von den Ecken und Kanten des Schreibtisches erhalten und die innern Theile sind vom beständigen Nachtsitzen jämmerlich zusammengewachsen. Ach, Madame, Madame! oft überfällt es mich wie der Tod in Thränen, wenn ich daran denke, wie ich einst im alten Hellas als Jüngling ewige Hymnen absang, zu den Füßen Aspasiens lag; wie ich als Knabe Alcibiades an den Lippen des Sokrates hing, der so schön war, weil er so weise; wie ich in ausgelassener sinnverwirrter Jugend den trunkenen Bacchus auf meinen Schultern durch den jauchzenden Sturm der mitternächtlichen Orgien führte. O Himmel, Himmel! und wie ich später an der Tafel des Mäcenas das beste Glas Wein in meinem Leben trank, und der alte Flaccus mir zur Seite mit lächelndem Munde, im Gefühl eines üppigen Lebens, die Reize ländlicher Einsamkeit pries, wie mir als Antonius die ägyptische Königin in afrikanischer Liebesglut die Wange bleich küßte; wie ich in stürmischer Jugendbrust als Hannibal dem völkerwimmelnden Erdkreis Verderben schwur! Und später – Freunde, Euer Auge wird feucht – Ihr ahnet, wovon ich sprechen will – ach, von der Zeit meiner ersten Liebe. Die stürmische Jugend war vorüber; aus dem Orient, vom Grabe des

Erlösers kam ich zurück, in meinem schwarzen Auge lag die dunkle, süße Elegie der Liebe, meine Wange war bleich, der Tod Jesu hatte einen finstern Schatten auf die Welt geworfen. Die üppige, feurige Blume der Sinnlichkeit schloß sich, eine heilige, ewige Mondnacht der Liebe ging über die Erde auf, und die Schatten gewaltiger, ernster, gothischer Thürme fielen kalt auf die bunten Marktplätze des Lebens. Damals, Madame, damals liebte ich – hatte ein krankes, schwaches, doch unendlich liebenswürdiges Mädchen entdeckt, es war meine eigne Seele. Kennen Sie, Madame, dies seltsame Geschöpf? Die wahre Liebe zu ihr ist, wie jede Liebe, mit ewigen Schmerzen verbunden, doch diese Schmerzen sind süß. Nun trachtete ich nicht mehr nach den Genüssen meiner raschen Jugend, sondern saß die stillen Nächte bei meiner Liebe, sie in den Schlaf wiegend mit süßen Liedern; in den goldnen Gärten der Provence gingen wir tändelnd mit einander, an den Altären prangender Münster knieten wir mit einander, in den Minnehöfen bei den Sprüchen schöner Frauen, ewiger Sänger, wurde uns das Räthsel unsrer eignen Glut klar, und in dem Zusammenklang göttlicher Harmonien, in den stürmischen Gebeten glühender Andacht, in Farben, Tönen, Frühlingsglanz und Todesgrauen schlug der goldene Kelch unserer Liebesblume seine prangenden Blätter mit Gesang auseinander, und wankte, von Sonnenglanz umträufelt, in den ewigen Himmel hinein! – Ach, Freunde, vergebt eine Thräne! o meine Jugend, meine Jugend! Seitdem, Madame, seitdem – es muß heraus – bin ich alt geworden, die Geliebte auch. Wir heuratheten uns und bewohnen jetzt verschiedene Seiten. Wir arbeiten jetzt tüchtig an unsrer Vervollkommnung – ach, was habe ich für Schriften und Schriftchen lesen müssen, Bücher, Bücher und immer Bücher! Dabei tönt mir oft in der Nacht bei der Arbeit das alte sehnsüchtige Lied meiner Jugend in die Ohren; es ist entsetzlich, mir wird dann so erbärmlich zu Muthe wie einer armen zergangenen Semmel in einer kaltgewordenen Kaffeetasse! Oh, oh! ich klagte meine Leiden einem Arzte, der lächelte und sagte, er wüßte schon lange, daß die Zeit krank sey, er verbot mir das lange Nachtsitzen, die antiken Versmaße, und gebot mir dagegen, von den neuen Tagblättern täglich ein Dutzend zu mir zu nehmen. Meiner Frau geht's nicht besser, bei der treiben die Philosophen und Frommen ihr Wesen, und sie fühlt sich auch täglich kränker und gibt in matter Leutseligkeit alles zu, was man von ihr verlangt. Ja, es ist Zeit, Freunde, es ist Zeit, Madame, daß wir endlich alle schlafen gehen. Gute Nacht!«

Die Gestalt stieg jetzt vom Stuhl und wollte entschlüpfen, doch sie wurde im Triumph wieder eingeholt. Man hatte Massiello erkannt, und als er jetzt seine seltsame Kleidung näher vorwies, lachte alles, der Herzog am meisten. Die gute Stimmung schien vollkommen wieder hergestellt. Jokonde allein hatte sich im Sessel zurückgelehnt und spielte mit ihren Locken, sie mochte nicht mitlachen, weil sie nicht begriff, worin der Scherz bei der sonderbaren Rede lag, doch war sie am tollen Massiello dergleichen gewöhnt. Sie wußte, daß der Herzog ihn liebte und nicht ohne seinen Humor, wie er es nannte, leben konnte. Die Klostergeschichte des Grafen, sagte der Fürst, läßt noch immer ihre Bitterkeit spüren, da müssen wir schon zu der Musik unsre Zuflucht nehmen, um durchaus jede Spur zu vertilgen. Jokonde und der Abt traten ans Pianoforte und Massiello, der in den Notenblätter wühlte, rief: »Wenn wir Deutschen nur nicht alle Dinge so ernsthaft nähmen; so besitzen wir auch keine durchaus fröhliche Musik. Wir kennen die kleinen seltsamen Geschöpfe, wie sie da aufs Blatt gezeichnet sind, noch lange nicht von ihrer schalkhaften Seite; wie es uns an einer Musik fehlt, die den geistreichen Konversationston nachahmt, so ist uns auch jene fremd, welche im bacchantischen Strudel das ganze Füllhorn des Momus umstürzt und auf der Tonleiter bis in die schallenden possenhaften Laute hinauffliegt. Ich wollte einmal alle Thorheiten der Jugend in einem wunderlichen Liede zusammenfassen, es müßte ein höchst ergötzliches Lied werden; die Musik dazu wäre ein anhaltendes ausgelassenes Gelächter. Ich glaube, damit könnte ich alle Greise und alte Mütterchen wieder jung machen.« – »›Ein sonderbarer Gedanke,‹ rief der Herzog, doch nicht ganz ohne Wahrheit; warum bewegt uns ein herzlich Lachender immerdar zum Mitlachen, wenn wir auch die Ursache des Gelächters nicht kennen, offenbar ist es der Zauber jener hüpfenden, rollenden, schrillenden breitzerplatzenden Töne, die so mächtig auf uns wirken. Unsere Musik entfernt sich zu sehr von der Natur, sie sollte mehr Naturlaute in sich aufnehmen, und weniger Regel und Combination.« –

Robert, Massiello und Eduard entfernten sich, um eine Gesellschaft von Freunden zu besuchen, die in zwangloser Laune in einem bekannten Weinhause zusammen zu kommen pflegten. Jokonde und der Abt hatten vor den Notenblättern Platz genommen; nebenbei lag der Herzog im Armsessel, und spiele mit den Ohren des kleinen Bolognesers. Die Musik hub im weichesten Moll an, die Töne gingen wie fromme Einsiedler ins Gebirge, dann rauschte und lärmte es, wilde Gebirgswasser stürzten in den Weg, plötzlich tönte das laute Gespräch der Einsiedler dazwischen, die sich eine alte verblichene, aber großartige Sage erzählten, alles war dunkel und trübe, endlich zerriß der Wolkenflor, lachende Passagen zogen in die Höhe und ganz oben im Diskant erklang eine alberne Posse und frische Mädchenkörper schüttelten sich im anmuthig kichernden Gelächter dabei; plötzlich trat im Baß ein alter wahnsinniger König auf und warf ganze Händevoll schwarzer Tulpen und glühender Feuerlilien in den Kreis der Mädchen; sie flohen erschreckt auseinander, und der alte Wahnsinnige begann, mit Krone und Zepter geziert, einen unheimlich wankenden Tanz in den tiefsten Tönen, so daß sich der wehende traumartige Mantel Mal auf Mal in die benachbarten Gebüsche verfing. Allen wandelte ein Schauer und Entsetzen an und es war gut, daß der Abt die Sprünge des Alten schnell mit einem hellen Lichtakkord abschnitt, der plötzlich ernst lieblich in einen vollen, mit andächtigen Menschen und singenden Priestern angefüllten Morgengottesdienst im Schiffe einer kühnen gothischen Kathedrale fiel und das Allerheiligste drinnen sanft beleuchtete. Nun war alles Friede und hohe Duldung, sanfter Ernst und heilige Bedeutsamkeit. Die tiefen Brustseufzer der Orgel hörte man nur die menschliche Sünde tönen, Engel wehten mit azurnen Fittigen kühle Frühlingsluft der Vergebung, der Buße herab, in den Beichtstühlen lagen auf den rothsammetnen Kissen schöner Mädchenlippen kostbare Festungsschlüssel, die die festesten Plätze dem Himmel offen gaben.

Der Herzog lächelte bei dieser Stelle sanft in sich hinein, er legte sich über, als zöge er mit dem Munde die Töne in sich und seine Lippen sammt dem warmen wehenden Athem drängten sich an Jokondens Wange, die davon befangen wurde und stockte. Als sich Jokonde zum Kuß neigte, warf sich der Herzog lachend zurück, und das gekränkte Mädchen spielte mit zwei brennenden Zorn- und Schaamröthen weiter, indem ihre Hände wie in geknickten Blumen wühlten. –

Die Freunde hatten sich beim alten Fleakwouth versammelt, um in später Nacht zu helfen und zu rathschlagen, denn der Alte war durch die halbgelungene Ausführung eines seltsamen Versuches dem Tode nahe gebracht worden. Massiello, der gekommen war, ihn zu besuchen, hatte ihn in seinem Armstuhl ohnmächtig, und mit Blut bespritzt gefunden, in der herabgesunkenen Rechten ein Pistol eingeklemmt. Die alte Haushälterin war, durch einen Schuß herbeigerufen, erschreckt in's Zimmer gestürzt, wo sie dann vor einer halben Stunde schon den Herrn in dem bedaurungswerthen Zustand entdeckte. Ein Arzt, den die Freunde herbeigerufen, erklärte jedoch die starke Verwundung am Haupte nicht für tödtlich; es wurden sogleich Umschläge besorgt, Arzneimittel eingerührt, und als der Kranke mit den Zeichen eines dumpfen Bewußtseyns das Auge öffnete, ward er auf's Bett gebracht und der Ruhe überlassen, indeß der Doktor und die Freunde sich in das abgeschlossene Seitenzimmer begaben, um über den wunderlichen Vorfall sich zu verständigen.

»Ich kenne den alten, halb wahnsinnigen Freund,« sagte der Doktor, »so viel derlei finstere Charaktere sich erkennen und durchschauen lassen, und so habe ich schon lange eine Ahnung gehegt, er werde sein Leben nicht auf dem natürlichen Wege beschließen. Besonders hat mir das Pistolenstückchen, wie er es zu nennen pflegte, immer, wenn er davon sprach, Grausen und Entsetzen eingejagt. Es liegt in dem Gedanken etwas ganz Fürchterliches, den letzten Lebenreiz noch in einem Spiel mit dem Tode zu finden.«

»Wie meinen Sie das?« fragte Eduard, »was ist es mit jenem Pistolenstückchen?«

Der Arzt fuhr in seiner Rede fort. »In einer zwanzigjährigen Bekanntschaft bin ich oft Zeuge der finstersten und drohendsten Anfälle der Melancholie des Alten gewesen. So traf ich ihn eines Abends allein im Gemach, eine kleine Lampe brannte vor ihm, sein bleiches Haupt war auf beide Arme gestützt, und den vor ihm liegenden Raum des Tisches nahm eine Pistole ein, die er mit weitgeöffneten, starren Augen betrachtete. Er bemerkte mein Eintreten nicht, obgleich die Flamme des Lämpchens im Zuge der geöffneten Thüre aufloderte, und mein Schattenbild riesiggroß an der gegenüberstehenden Wand hinauffuhr.« Als ich nun dicht hinter ihm stand, vernahm ich mit Entsetzen, wie er folgende Worte leise, doch deutlich vor sich hinsprach: »Die Ladung ist drin, aber auf der Pfanne kein Pulver, – richte ich nun den Lauf gegen meine Stirne und drücke los, so erfolgt wohl kein Schuß – doch – es kann sich ja fügen – ein Körnchen von der schwarzen gräßlichen Masse blieb irgendwo in einem Ritzchen des Schlosses hängen, es springt ein Funke hinzu – die Ladung entzündet sich und – – – O wie süß und lieblich – wahrlich, den Witz muß ich loben! Welch ein Kitzel von Wollust liegt in der kurzen unbedeutenden Frage: Wird es zünden, wird's nicht? Wie süß und zärtlich umarmt sich Tod und Leben in dem kurzen, flüchtigen Zeitpunkt einer Sekunde. O der herrlichen Spannung, des markdurchrieselnden Schauers. Der gekrümmte Finger klopft an die Pforten der Ewigkeit und horcht, ob ein ›Herein!‹ ertöne oder nicht.«

»Wahrhaft gräßlich!« rief Robert und rieb sich die Hände, »ich hätte den Alten doch nicht für so originell gehalten.« Eduard fühlte diese Worte wie einen Stich in seine warme Brust; es stöhnte im Nebenzimmer und die Freunde stürzten hin. Der Alte war erwacht und hatte sich vollkommen auf seinem Lager angerichtet. Als er die bekannten Gesichter gemustert hatte, sagte er verdrüßlich: »Also noch immer die alte Waare, nichts Neues, nichts

Besseres – und da hat man mir etwas um den Kopf
gebunden, einen neuen Reif um das alte baufällige Faß.
Gebt Acht, Freunde, der Wein, der drinnen gährt, ist so
böser Natur, daß er die morsche Tonne wohl noch einmal
ganz zersprengen wird.« – Massiello trat dem
angeschossenen Silberhaupte nahe, schob die greisen
ehrwürdigen Locken vom Ohr und rief leise hinein: »Das
war Selbstmord, was Ihr versucht habt, Alter, schämt
Euch!« »Warum,« war die Antwort, »ein Jeglicher hat sein
Steckenpferd, ich zum Beispiel liebe nun den
Selbstmord.« »Alter, Alter,« rief Robert, »wenn Du gesund
wirst, so geh in die Kirche, da wird man Dir gute Sitten
lehren.« – »Kirche?« entgegnete der Greis, und sein
zahnloser Mund lachte, »was ist das? Trifft man da lustige
Gesellen, gute Unterhaltung? Fast muß ich's glauben,
Söhnchen, da Du es mir anräthst. Ja, ja Freundchen, laß
uns einmal um Mitternacht hingehen, ich nehme das
abgeschossene Stückchen Schädel mit, und wir spielen
damit Fangball, Freund Massiello läßt sich auf der Orgel
hören! – Hu, hu, das schmerzt ordentlich! ich glaube,
einige alte wunderliche Gedanken haben schon etwas
reden hören vom Einsturz des Leibes und wollen nur
gradeswegs in die Unsterblichkeit schlüpfen! Zu früh, zu
früh! – binden Sie wieder fester, liebster Doktor, lassen Sie
durchaus nichts von meiner Persönlichkeit eschappiren.« –
Robert hatte sich auf das Bett gesetzt und sah mit seinen
großen schönen Augen dem Alten in's Gesicht. »Ich
könnte,« sagte dieser, »jetzt als ein Sterbender, denn
hoffentlich bin ich doch ein solcher, recht viele schöne

Worte zu Euch, Freunde, sprechen, ja es wäre gar nicht unmöglich, daß ich sogar rührend würde und Euren ganz unwürdigen Wandel zu etwas recht Würdigem umkehrte, doch ich weiß schon, Du, Robert, denkst nun schon daran, wie sich meine beschädigte Person in einem Trauerspiel ausnehmen würde; Ihr Poeten liebt die Sünde und ohne sie könntet Ihr nichts machen; das allereinfachste Schüsselchen würde unschmackhaft werden; wenn der spanische Pfeffer der Hölle fehlte, suche nur von Zeit zu Zeit etwas weniger zu spielen, etwas schwächeren Punsch zu trinken, etwas weniger Leute um ihren ehrlichen Namen zu bringen, und jährlich ein hundert Mädchen weniger zu verführen, so wächst Dir allmählich etwas Christenthum an. Es kann nicht schaden, ich habe es mit allen Dingen im Leben versucht, und alle haben, so lang sie neu sind, etwas Ergötzliches – doch, Freunde, das größte Elend, der entsetzlichste Jammer, dem Ihr nicht entgeht mit allen Grübeleien des Verstandes – das ist die Nothwendigkeit, alle Morgen euren Rock anzuziehen, alle Abend ihn abzustreifen. O fürchterliches Elend, Marter über Marter!« – Er sank in seine Kissen zurück und seine Lippen wurden bleich. – »O Himmel,« stammelte er, »welche Seligkeit, da meldet sich etwas bei meiner Seele, ein Gefühl, das mir ganz neu ist, ich sage Euch, ganz neu. Etwas so Kaltes, Lachendes, Spitzes! Sollte es vielleicht der Tod seyn? – Nein, o nein, doch nicht, es ist ein altes bekanntes Etwas, ich glaube, es ist die Reue, doch freilich tritt sie dießmal besonders kräftig auf; nun immerhin, ich werde mich auch von ihr etwas durchkitzeln lassen.« –

Der Arzt trat jetzt an's Lager und verbat das weitere Sprechen, die Freunde entfernten sich still in's Nebenzimmer, und der Alte blieb allein, indem man ihn von Zeit zu Zeit murmeln und lachen hörte.

Massiello warf sich weinend an Eduards Brust: »Laß uns umkehren, schöner, reicher Knabe,« rief er, »umkehren zu der einfachen, hölzernen, läppischen Jugend. O, über das Gift der heutigen Poesie und aller Poesie! Der Alte hat Recht. Ein Menschenkind, das seinen Gott liebt, das einen Kalender hat, wo der Mond und die Sonne roth gemalt drin stehen, und ein Weib, das nach diesem Kalender sieht, wenn Butter geschlagen und Leinwand gebleicht werden soll, ist solch ein Kind nicht glücklich?« Er trat an das Fenster und sang in die Nacht hinaus. Die Thurmuhr schlug drei Uhr Morgens. Der Abt hatte sich davongemacht, um den Morgenschlummer, so wie den Morgenkaffee nicht zu versäumen. Robert sprach finster vor sich hin: »Der arme Fürst, seine Lage ist wahrhaft schrecklich; er liebt seine Braut nicht, kann sie nicht lieben und sieht nun ihrer Ankunft und der Verbindung, die ihn ewig in Fesseln schlagen soll, stündlich entgegen. Sein Herz, mit allen Genüssen schon frühe überhäuft, fühlt eine kalte Leere, die Flamme der Sinnlichkeit befriedigt und erwärmt es nicht, und diese Jokonde, Himmel! diese duftlose, schöne Tulpe, kann sie geben, was sie nicht hat? – Er sucht einen Freund und geht herum, mit bebendem Finger an jede Brust klopfend, die ihm verwandt scheint, und auch hier findet er nicht, was er sucht. Mit einem gewissen coquetten Stolz will er bei mir durchdringen, und weiß doch, daß jede Pretension mich unleidlich bindet und zwingt – da zürnt er, da verzweifelt er und sinkt kraftlos in sich selbst zusammen; doch so geht's dem Geiste, der sich nicht selbst zu genügen weiß.« – Eduard fühlte sich so bitter gestimmt, daß er hierauf nichts erwidern wollte und konnte; er entfernte sich, als er hörte, daß der Kranke in einen ruhigen Schlaf verfallen sey, und schlich am Hause Emiliens vorbei, ohne zu ihren Fenstern aufzublicken.

Der Herzog hatte mehrere Gäste zu seiner schönen Jokonde geladen. Baumeister, Tapezierer und Maler waren in der Stille versammelt gewesen, um das kleine Fischerhäuschen in der einsamen Gasse mit einem neuen versteckten Anbau zu versehen, der der Bewohnerin verborgen blieb, so sehr die Neugierde das schöne Mädchen plagte, zu erfahren, was im Werke sey. Robert, Massiello, Eduard und der Herzog hatten gedichtet, componirt, gemalt und Pläne entworfen zu dem Feste, dessen eigentlicher Grund ein Erröthen auf Jokondens Wangen lockte, denn es galt den Jahrestag oder eigentlich die Jahresnacht zu feiern, wo der Herzog das schöne Kind von der Hand der Verschwiegenheit und Liebe sich antrauen ließ. Er war damals als ein junger, unbedeutender Mensch in's Haus ihrer Eltern getreten, ermüdet durch eine Fußreise in die Alpen und fast bis zum Tode ermattet, dazu ohne Geld und mit einem angenommenen Bauernnamen, so daß Jokonde dem armen Burschen seiner schönen

Augen wegen einen, dem Vater abgezwungenen Kronenthaler in's Ränzchen steckte und ihn heimlich fragte: Wie heißt Er denn, mein Freund? Da hatte der Fürst sich lächelnd umgewendet und im Styl eines altgriechischen Göttermythos höchst pathetisch gerufen: Lothar, Erbprinz von –. Den Kronenthaler hatte das hübsche Mädchen bald wieder, und die Reise des armen Burschen in das Gebirge war für sie eine Reise auf's Gebirge der Hoheit und des Erdenglücks geworden. Als der Herzog sich jene ersten Liebesmomente vergegenwärtigte, sah er seine Jokonde mit einem so innigen Blick an, daß diese vor der Fülle von Seele erschrack, die in einer Männerbrust liegen kann; sie konnte nichts dagegen geben, als die gewöhnliche Dekoration – Sonnenschein, blauer Himmel, Lächeln, rechts im Vorgrunde ein Grübchen; der Soufleur ihres kleinen Herzchens lispelte die alten verbrauchten Worte hinauf. Der Herzog führte seine geputzte Schöne durch den Kreis der Gäste in jene bis jetzt verschlossenen Gemächer. Strahlende Helle goß aus bunten Krystalltulpen und weißen Lilien ihr Feuermeer in ein zierliches Zelt, das von der Liebesgöttin geordnet und hier und da mit einzelnen goldenen Pfeilen festgesteckt war. Es zeigte sich eine kleine Bühne und vor derselben saß Massiello mit zwei Musikern und blies eine sonderbare Musik ab deren Composition Lachen erregte, aber zugleich auch Verdruß und Aerger. Jokonde freute sich kindisch, sie war über alle Beschreibung reizend: ein Brautkleid von weißer Seide umspannte den süßen Leib, goldene Schnüre hielten unten einige volle Myrthenbouquets gefesselt, in ihren gelben weichen Locken lag ein Kranz, dessen klares Diamantenband auf der hohen weißen Stirne festschloß. Sie blickte nun nach Robert, doch er war nicht da, indem endigte die Musik, und Massiello stieg mit einem langen Schritt auf die Bühne hinauf, deren Vorhang sich gehoben hatte.

Man erblickte eine zauberhelle, prächtige Blumenlaube, wie sie so seltsam und herrlich nur aus der Phantasie aufblühen mag. Aus dem Boden empor flammten dunkle Feuerlilien in dichter Ueppigkeit und bildeten gleichsam den Grund, hochgefärbte Rosenkelche schloßen sich an sie, und immer heller und geläuterter erschien die Glut, bis sie in stets blasser werdende Rosen, und endlich in weiße Centifolien endete, deren letzte Sprosse hinauf silberhelle Sternblumen und weiße Frühlingsglocken bildeten. Ein mächtiges Blumenaroma überströmte das Gemach beim Aufrollen des Vorhangs. Die Landschaft hinter der Laube zeigte ferne Bläue, eine einsame Pinie stützte sich, wie in Gedanken verloren, auf die Schultern einer breiten Eiche, ein Paradiesvogel zog schweren, langsamen Flugs fern und immer ferner in die Landschaft hinein. Jetzt flog ein schöner, geflügelter Knabe auf die Bühne, er trug eine Lyra im Arm, und senkte sich wie im jauchzenden Entzücken der Jugend tief in die rothen Blumen und schwankenden Rosenkelche hinein; dann begann er ein wunderlich feuriges Lied, das eine abentheuerliche, aber liebliche Sage behandelte: es war die Geschichte der Liebe. – »Gott liebte einst, liebte menschlich, liebte ein

Weib, aber ein Götterweib, wie er ein Gott. Ihr Lächeln schuf den ersten Frühlingskeim und nach ihren Träumen bildete Gott die Blumen; sie aber liebte einen Raum im flutenden Meere der Schöpfung besonders und bat einst den Ewigen: Schaffe mir hierher ein Gestirn und schenke es mir, hier muß es köstlich seyn zu wohnen, mild flammt das Licht des nächsten Firsterns herüber und süß fließt der Strom der Lüfte dahin. Sie hatte den Wunsch kaum ausgesprochen, als in dem Momente die neugeschasfene Erde ihre Bahn dahinrollte – die kleine Erde, und der höchste Geist sprach mit Lächeln: da ist sie! nimm sie, schasse sie zu einem Paradiese um, sie sey dein Brautgeschenk, schalte mit ihr, wie es deiner Laune gefällt. Da sah die Gottgeliebte auf die kleine Erde mit rührender Freundlichkeit nieder, und dachte über Pläne nach, wie sie sie am zierlichsten schmücken solle. Endlich schuf sie ein sonderbares Wesen mit einem Barte, einem krausen Lockenkopf und in der Brust mit einem rothenklopfenden Herzen, und ihm zur Seite, nach ihrem eigenen Bilde, ein süßes kränkliches Püppchen, voll Sehnsucht und Thränen und voll Lächeln und Narrenspossen. Diese Beiden, sagte sie, sollen sich nun gegenseitig freuen und betrüben, beides bis zum Tode; es soll eines die Lippen des andern suchen und nicht wissen, was es thun will, und so entstehe der erste Kuß; sie sollen viel tolles, einfältiges Zeug sprechen und über die albernsten Dinge zusammen weinen; sie sollen in den Mond blicken und lachen und weinen, und weinen und lachen durcheinander. Er soll fluchen und zürnen, wenn sie geht, sie aber soll tanzen, wenn er sich ärgerlich fortschleicht, lachen, wenn er weint, innerlich aber ersticken wollen an zurückgehaltenen Thränen, und all der neckende Unmuth, das weinende Entzücken der Liebe soll bei ihnen wohnen und Hütten bauen in ihren Herzen. – Sie sprach es, und die ersten Menschenherzen fingen ihr unruhiges Geklopfe an. Ein schöner Garten war erbaut, mit düstern heimlichen Gängen, wie der quälende Dämon der Liebe es verlangt, und die Gottgeliebte freute sich der Genüsse und Qualen ihrer lieben Puppen. Aber ach, sie selbst mußte untergehen, ihre Natur war zu schön, um ewig zu seyn, sie starb am Geruch einer Blume. Als sie nicht mehr war, fand der höchste Gott kein Gefallen mehr an der Erde, er mochte den Schauplatz, der ihn an sein verlorenes Glück mahnte, nicht mehr schauen, einsam ließ er die arme Erde in die Nacht hinrollen und sie kam unter den Pöbel der übrigen Gestirne. Alljährig aber, o Himmel, welch Entzücken! wirft er einen Blick auf sie, und ein seliges Liebeserinnern gießt sich dann über sie aus. Dann sagen wir Menschen, der Frühling ist da und freuen uns innig; der hohe Gottestraum der Liebe geht in den Blicken unserer Knaben und Mädchen, in unsern Blumen und klaren Brunnen auf.« –

Er schwieg und Massiello hob den schönen Pagen mit einem Kuß aus dem Blumenbecken, und trocknete ihm die Thränen von den vollen rothen Wangen und sprach: »Tröste Dich, mein Enzio, wenn jene Frühlinge und Götterträume immer kürzer werden, so haben wir jetzt so viel Erziehung und Bildung, daß wir das gar nicht bemerken, ja man kann bei einem wärmenden Schlückchen Magenthee, bei einem Stümpfchen Licht und bei der Abendzeitung auf die alleranständigste Weise aller Frühlinge entbehren! Ist man nun auch so glücklich, daß man von einem soliden Frauenzimmer ein Paar grauer wollener Strümpfe zum Winter erhält, dazu sich die Füße und den Kopf warm hält, so kann ein Billigdenkender die übertriebenen Anstrengungen der Sonne und all das farbige Gras ganz entbehren.« Er sprach die letzten Worte mit fast kreischender Stimme, indem er den weinenden Knaben an sich drückte, und wenig fehlte, daß er nicht selbst in Thränen ausbrach. Jokonde lachte, weil sie glaubte, der Herzog wünsche das, als dieser aber ihr sehr ernst in die Augen sah, wußte sie nicht, was sie denken und thun sollte.

Der Vorhang rauschte jetzt von Neuem auf. Die Bühne hatte sich gänzlich verändert, sie stellte eine dunkle Höhle vor in tiefer Nacht. Eine düstre niedergebrannte Ampel erhellte phantastisch die dicken Steinwände, dunkles Gebüsch, dessen Enden vom Lichte smaragdgrün anliefen, wehte im Nachtwinde. Zwei rohe, aber schöne Buben saßen an einem Steintisch und würfelten, ein schlankes volles Mädchen lehnte zwischen beiden, und ihr Antlitz, besonders zwei große schwarze Augen, sogen das Licht ein und starrten in glänzender Pracht. Es gab einen warmen Streit, jeder der Buben wollte die volle Schöne für sich, sie redeten heftig und das Mädchen trat mit einem lustigen Vorschlag hervor. »Nun, Ihr Gesellen, so will ich mich theilen, wenn Ihr anders Frieden halten wollt; bis

hierher, – sie zeigte auf den goldenen Gürtel, – gehöre ich
mit dem obern Theil, mit Mund, Kuß und Rede dem
Einen, mit dem übrigen muß der Andere zufrieden seyn!
Nun würfelt!« »Guten Dank,« rief der Schwarze, »ich soll
also die Füße erhalten, die zu nichts weiter dienen, als zum
Davonlaufen?« Sie würfelten, und der Blonde erhielt den
Oberleib, der Schwarze lachte, daß der volle Lockenkopf
schüttelte und die dunkeln sinnlichen Augen blitzten im
höchsten Feuer, das sonderbare Mädchen aber lehnte sich
mit verschränkten Armen zurück, und sah gedankenvoll
vor sich hin. »Nun gut,« rief der Blonde, und strich sich
die goldenen Locken aus der hellen Stirne, »ich bin
zufrieden, ich will von Küssen, Seufzern, holden Blicken
und süßen Träumen leben, meine Seele soll im Gesang
aufblühen und diese Blüthe soll Liebe heißen, von der
heißen, reifen Frucht der Sinnlichkeit will ich nichts
wissen.« Der Schwarze lachte aber noch wilder und leerte
einen hohen Becher mit Wein, indem er die Schöne zu sich
auf den Schooß zog, – sie aber blickte mit sehnsüchtigen
Augen hinüber zum Blonden, und der hatte eine Zither
hervor geholt, auf der er weiche, rührende Lieder sang, die
sich draußen mit dem stillen Lispeln der Gebüsche, mit
dem ruhigen Walten der Mitternacht mischten.
»Das ist die Liebe im Mittelalter,« erklärte der Herzog, zu
seiner Nachbarin gewendet, »so theilen sich in dieser
wunderbaren Zeit Sinnlichkeit und Andacht in ihre
Flammen, und die Feuerrosen der Poesie blühen mit den
reinen Lilien edler Sitte gepaart.« Als sich die Scene von
Neuem gestaltete, saß Massiello im Schlafpelz, mit dem

Almanach der Liebe und Freundschaft, vor dem Ofen. An den Wänden hingen in saubern Stahlstichen zwölf politische Küpferchen, den übel abgelaufenen Freiheitskampf der Griechen, Polen und noch etlicher unterdrückter Völker und Völkchen darstellend, mit unterschriebenen liberalen Phrasen, um Feuer zu wecken, verziert. Die Büsten des Themistokles und Brutus lagen zertrümmert auf dem Boden. Ein altes Ritterschwert diente zur Kamingabel, und auf einem Schilde wurden Kastanien mit etwas Butter gebraten. In einer kleinen Bibliothek sah man die Memoiren des Casanova und ein paar frivole Kupferwerke hervorleuchten. Es wurde nichts gesprochen, sondern leise, aber immerwährend gegähnt, zwischendurch hörte man den Mops schnarchen. Der Vorhang fiel schnell, und verbreitete durch sein Niederschießen einen kalten Luftzug über das Parterre. Der Fürst erhob sich, und die alberne Musik ging wieder an. Eduard und der Abt schlichen verstimmt herum, der Graf ließ sich nicht blicken, der Herzog lag mit Jokonden in den Polstern einer Fensternische. Mit Unmuth sprang er auf, als ein Kammerjunker vom Hof sich melden ließ; er wechselte mit diesem einige Worte und kehrte dann höchst verdrüßlich zu seinem Platz zurück. Es verbreitete sich augenblicklich das Gerücht, die Prinzessin Braut sey nur wenige Stunden von der Residenz entfernt, und wünsche und erwarte ihren hohen Geliebten zu sehen. Ueber Jokondens Antlitz zuckte es wie ein Schmerz, sie hing in einem langen Kusse an der Lippe ihres Freundes, dann sank sie in die Polster zurück, und die Wellen ihrer Atlasrobe rauschten über sie zusammen. –

Der Herzog ging, die Gäste zerstreuten sich und Eduard stand unschlüssig in seinen Mantel gehüllt vor der Thüre der Hütte. Der Sturm wehte, die Wolken flogen auf der Himmelsbühne wie wimmernde Schatten durcheinander, ziemlich hoher Schnee lag auf den niedern Dächern wie auf der Gasse, hier und da leuchtete ein dünnes Lichtlein, an dem ein altes Fischerweib die schadhaft gewordenen Netze besserte. Jetzt näherten sich zwei Männergestalten dem Hause, ohne Eduard zu bemerken. »Er ist fort,« rief eine Stimme, die Roberten angehörte, »kommen Sie, er darf, er wird heute nicht wiederkehren.« Eduard trat hervor und Robert eilte auf ihn zu. »Bist Du es? Schön, komme mit uns, Du Jugendlicher, ich will Dich mit einem hübschen Menschen bekannt machen; komm, das Wetter ist kalt, wir trinken ein Glas Punsch.« Eduard folgte und bemerkte jetzt, daß ein bildschöner, erhitzter Jüngling, in einen engen Ueberrock geknüpft, mit ihm zur Thüre sich eindrängte. Ein heißer Athem berührte seine Wange, und ein offener Mund mit zwei vollen Lippen kam ihm so nahe, daß eine elektrische Bewegung ihn durchzuckte. Es ist ein Mädchen, rief es in ihm, das mystische Geheimniß der Form, die im Gedränge und in der Hitze seine Hüften berührte, jagte sein Blut in Bewegung. Als der Fremde eingetreten war, nahm er den Hut von einem schwarzen Lockenkopf, und blieb verlegen und befangen an der Thüre stehen. Jokonde begrüßte Robert mit einem Freudenruf, und im Entzücken duldete sie seinen Kuß auf ihren weichen Oberarm. Der Abt und Massiello betrachteten den vollen Jüngling an der Thüre durch ihre Gläser und winkten sich einander zu; der schöne Page Enzio ordnete mit Jokondens, Mädchen den Tisch, und beide schütteten wie übermüthige Frühlingsgötter den ganzen Raum voll Früchte, Blumen und Zuckerwerk, zwischendurch schwankte das schwere goldne und purpurne Naß der köstlichsten Weine in Krystallvasen. Jetzt riß Robert den Fremden rasch zu sich nieder auf den Teppich, und beide knieten vor Jokonden, die erstaunt und fast kindisch verlegen aufsah. »Glänzende Leere, liebenswürdige Unbedeutenheit,« rief Robert zu ihr hinauf, »erlaube, daß ich Dir hier meinen Freund vorstelle, oder wie Du willst, eine Freundin, oder noch besser, einen geschlechtslosen Engel, der nicht freit und sich nicht freien läßt, mit Einem Worte, die Gräfin Eva. Sie hat in Göttingen studirt, in Bonn sich geschlagen, in London wettgerannt, in Spanien gebetet, für die Polen Charpie gezupft und in Rom einen dicken Abbate in die Tiber gestürzt; sie ist eine Katholikin und man sagt, sie werde den Papst heirathen und im zweispännigen Wienerwagen gen Himmel fahren.«

Jokonde empfing das wunderliche Mädchen in ihren Armen, und Massiello machte seitwärts die Bemerkung, daß wenn ein Weib das andere umarme, eine gewisse diplomatische Feinheit und Kälte herrsche, die auch die täuschendste Maske der Leidenschaft durchbreche, indeß wenn Mann dem Manne an die Brust falle, eine trockene, unendlich biedere, langweilige Ehrlichkeit sich zeige, und

ein Männerkuß gleichsam eine Travestie des wahren
männlich-weiblichen – gleichsam nur ein fruchtloses
Lippenhaut-Rauschen und künstliches Zungenschnalzen,
oft nur ein mühsames Erwärmen der kaltgewordenen
Wangen und Lippen sey. – Die Gräfin sprang vor den
Spiegel und ordnete ihre Halsbinde, sie warf den
Ueberrock weg, und stand in einer kleinen engen Husaren-
Jacke da, die sie mit verliebter kindisch-zärtlicher Hast zu
verdecken strebte und noch lange mit dem Ueberrock
spielte, ehe er ihr ganz entfiel, und sie in der Nacktheit der
enganschließenden Bubenkleidung dastand. Enzio stand
von fern, und ein erröthendes Erstaunen lief seine vollen
Wangen hinauf bis zur Stirne, Massiello neigte sich,
andächtig die Hände faltend, und rief halb singend: »O du
Adam, Eva und Schlange zugleich!« Der Abt schlug vor,
sich auf die Polster um den Tisch niederzulassen, um doch
endlich Ruhe und Elegie in die bunte Posse zu bringen.
»Ihr werdet sonst nimmermehr bekannt und der schöne
Wein verduftet.« Die beiden Mädchen ließen sich auf den
Divan nieder und Romeo, so wollte die Gräfin während
ihres Exils in's Männerreich heißen, umschloß mit kecker
Umarmung die lachende frischerröthende Jokonde; Robert
warf beiden eine Handvoll buntes Zuckerwerk in den
Schooß. »Schön,« rief Romeo, »der Einfall ist trefflich,
diese ganz gemeinen und wohlbekannten Dinge will ich
mir von Neuem erklären lassen, doch wer falsch oder
langweilig erklärt, hört es Unsterbliche! der verfällt in
Strafe. Da, was ist das?« Sie hielt ein Zettelchen empor,
auf dem ein Pärchen gemalt war, welches sich vor dem

Priester die Hände gab. Der Abt ergriff es und rief: »O, das sind Eheleute!« »Was sind aber Eheleute, thörichter Vater!« riefen beide Mädchen. »Ach,« sagte der Abt, »es sind zwei Geschöpfe, denen in Gasthäusern immer nur Ein Bett angewiesen wird, die gemeinschaftlich eine Quarantaine der Treue aushalten müssen, und die alle Dinge mit einander theilen, ausgenommen das Herz und den – Sarg.« »Gut, trefflich!« rief Romeo, »Ihr fallt nie aus Eurer Rolle, theurer Vater. Was ist dies?« fragte sie weiter Eduarden, indem sie aus Jokondens Schooß einen Zettel aushob, der mit zwei umgestürzten Altären die Unterschrift verband »Unglückliche.« »Unglückliche,« rief Eduard stockend, und warf einen glühenden Blick auf das reizende Knabenmädchen, »Unglückliche sind solche, die, wenn man ihnen Mandeln anbietet, immer die bittern herausfinden, denen das Butterbrod stets auf die rechte Seite fällt und die, wenn sie einmal an ihren Thränen ersticken, auf dem Kirchhof im ärmlichsten, dunkelsten Winkel begraben werden.« »O schön,« triumphirten Robert und Massiello, »das war in unserem Styl gesprochen.« »Nur still, die Reibe kommt an Eure Hoheit,« lachte Romeo und wühlte unter dem Tuche, sie zog eine Rose hervor und hielt sie dem Componisten hin. Er erschrack: »Erbarmen! was läßt sich Neues hier sagen!« Dann zuckte aber ein schwindender Glanz über sein Antlitz und er lispelte vor sich hin: »Rosen sind Blumen mit sechs Staubfäden, die schönsten findet man auf Wangen von Mädchen, die zum erstenmal gestehen, daß sie aus einfachen Blumen gern in doppelte oder

59

gefüllte verwandelt seyn möchten.« Eine Stille herrschte, alle Wangen errötheten, ausgenommen die Enzios und des Abts, erstere, weil sie noch zu jung und zart, letztere, weil sie schon zu gelb und dickhäutig geworden. Die Gräfin warf die Blume fast zürnend dem Musiker hin, und glitt schnell zu einer neuen Frage; sie wandte sich an Robert, doch der entriß ihr mit einer geschickten Wendung das Tuch mit den Devisen, und streute sie bunt auf den Tisch aus; als Romeo zürnte, küßte er ihr mit leidenschaftlichem Entzücken die Hand. »Sie eingehen uns nicht,« rief Jokonde dazwischen, »Massiello und Robert sind in Strafe verfallen, ersterer, weil er zu viel, letzterer, weil er zu wenig gesagt, beide müssen uns etwas erzählen oder dichten, oder beides zusammen, wie Ihr wollt.« Sie war aufgesprungen und Enzio brachte ihr ein Glas Wasser, sie standen im Augenblick nebeneinander. »Himmel!« rief Massiello, »welch ein himmlisches Ebenmaaß bei beiden und doch welche Verschiedenheit. – Stehen Sie, gräfliches Mädchen, und Du Enzio, halte Dich gerade neben ihr, nicht auf die Zehe erhoben, den Kopf in die Höh! – knöpfe deine Jacke fester, wahrlich, Ihr könntet Brüder seyn, oder Schwestern, so lieblich variirt die Natur in den lüsternsten, süßesten Linien dasselbe Thema, nur das kernige Dur der Rückenlinie bei ihm gegen den Moll-Wellenschlag der reizendsten Form dort, dennoch aber beide ineinanderspielend, weiblich sehnsüchtig bei dem Buben, knabenhaft trotzig bei ihr. Sein großes blaues Auge sucht durch den Nebel das Räthsel der Form zu ergründen, es ahnet Geheimniß auf Geheimniß und schrickt immer wieder zurück, sie zu enthüllen, indeß die jungfräuliche Psyche den blinden tappenden Amor gern mit einemmal an's Ziel führen möchte, um sich mit einem Triumphlächeln an seinem Entzücken zu laben.« Enzio erröthete und richtete seinen Blick verstohlen aber mit Glut auf Romeo, als ihm dieser die Hand reichte, drückte er seine Wangen so heftig darauf, daß die blonden glänzenden Locken über sein Antlitz niederstürzten und es einhüllten. Als er wieder aufblickte, füllten Thränen sein Auge; Massiello schloß ihn in seine Arme und wünschte dem Gesunden heimlich Glück zu seinem aufdämmernden Liebesmorgen. Robert und Jokonde winkten und riefen schon lange, der erstere wollte etwas erzählen und hub jetzt an:

»Ich wohnte in Rom in einer Villa bei einem ehrlichen Pächter aus der Campagna. Der Sommer war heiß, doch vor meinem Fenster, das ein dichtes Laubgewebe umspann, und wo mein Arbeitstisch stand, war es kühl, und wenn ich dichtete, pflegten die Blumen stärker zu duften. Meine Stube war klein; ein Bett, ein Tisch, auf dem ein Kruzifix stand, und eine Kopie der Schule von Athen an der Wand – dies war alles; über der Thüre hing meine Flinte und auf einem Schränkchen stand eine Bronce-Büste Byrons. Mein Wirth war aus Albano und seine Tochter Lucia in der That ein schönes Mädchen; ihr Antlitz, ihr Hals umspann jenes süße geheimnißvolle Blaß-gelb das die ilalienischen Mädchen der Nacht ähnlicher macht als dem Tage, nur ihre Lippen waren vom lebhaftesten Roth; die Augen schwarz, die Wimper lang.

61

Die Haare trug sie mit einem Knoten hinaufgezogen, so daß der Contour des kleinen Ohres sich klar darstellte. Nie sah ich sie lächeln, wenig sprechen, ihr Gang war langsam aber fest, männlich fest. Sie kam öfters in meine Stube, und wir redeten mit einander von den Heiligen und Märtyrern, als ich aber einmal von Liebe sprach, und ihre runde Schulter küßte, blieb sie weg, und schickte ihren kleinen Bruder, wenn ich etwas nöthig hatte. Wo ist Lucia, fragte ich diesen eines Morgens, warum kommt sie nicht? hat der Vater es ihr verboten? Nein, sagte Matteo, der Vater verbietet der Lucia nichts. – Warum kommt sie nicht? – Weiß nicht, Signor. – Liebt deine Schwester? – Ja, mich und den Vater. – Sonst Niemand? – Und die Heiligen. – Sonst Keinen? – Nein! – Hat sie einen Bräutigam? Matteo sah mich mit großen offnen Augen an und sagte: Ich glaube es nicht, die heilige Mutter zu St. Marco weiß am besten, wenn die Mädchen sich einen Buben ins Herz schließen; Lucia ist noch nie in St. Marco gewesen. – Er ging und ließ mich allein. Ein Unmuth befiel mein Herz, ich war zu stolz, um mir zu gestehen, daß ich Lucia liebe, und doch kränkte mich ihre übermüthige Kälte; ich suchte sie 'zu vergessen, allein in meinen Liedern lebte das braune, wunderliche Mädchen wieder auf. Freunde aus Rom kamen, ich gab mich ihnen hin, sie sollten mich zerstreuen; doch auch sie sprachen von Lucia und ihrer Schönheit. Jezt schloß ich mich ein und wählte die Sehnsucht zu meiner Gesellschafterin. Schlaflos brachte ich die kurzen italienischen Nächte auf dem Lager zu; ach! es stieß dicht an Lucias Bette, nur durch eine Wand geschieden. Ich schrieb Briefe, schenkte Heiligenbilder und gab Matteo mündliche Aufträge, die er richtig besorgte; Lucia nahm nichts, beantwortete nichts, sie that, als wenn ich nicht auf der Welt wäre. Ich durchlief alle Künste der wagenden Liebespolitik, ich erprobte sie alle, und sah jeden Pfeil abgleiten, machtlos zu Boden sinken. Wahrlich, Lucia ist kein Mädchen, hinter diesen braungelben Wangen fließt kein Blut! sie ist dem Belvedere entsprungen, ein kalter, griechischer, marmorner Traum, eine lebendig gewordene Demeter, die ihre herbe Keuschheit unter den üppigen Leib einer achtzehnjährigen Albaneserin verbirgt. – Auf seiner Wanderung ins Gebirgskloster von St. Geovanni pflegte ein korpulenter Barfüßler mich zu besuchen, ein Fallstaff unter den Mönchen, eine Figur voll Wunderlaune und behaglicher Unwissenheit. An seinem stämmigen rothen Halse hing ein grotesker Rosenkranz und an diesem zahllose Bündelchen, Abbildungen heiliger Leute und ihrer Geschichten. Fra Bartholo handelte mit diesen und hatte mir mit heiserer, erstickter Stimme alle jene schaurigen Legenden erzählt, welche Lucia aus meinem Munde wieder erfuhr. Jetzt kam er, ließ sich keuchend nieder und auf seine Fragen mußte ich ihm nun begreiflich machen, daß ich verliebt sey. Er sah mich an, zog ein sehr ernstes Gesicht, brachte die Augenbrauen dem struppigen Haarkranze fast nahe, schlüpfte mit dem Kinn in die Kutte hinein, hob sich dann langsam und gravitätisch, so weit es der rothe dicke Hals erlaubte, und sagte – nichts. Wir saßen lange Zeit stumm bei einander und tranken eine

Flasche Orvieto leer, dann ging er ins Gebirge, indem er versprach, nach zwei Tagen wieder zu kommen, um mir seinen Rath zu ertheilen. Er kam auch wirklich und sein Rath war eben so neu als seltsam. Don Roberto, sagte er, geht auf euer Lager, stellt euch an, als wäret ihr krank; lasset der Lucia sagen, die heilige Theresia sey euch im Traume erschienen und habe euch angedeutet, daß euer Tod nahe sey, wenn ihr nicht drei Oliven auf einer Schaale von der Hand der Signora Lucia erhieltet. Bruder Bartholo, rief ich, ihr habt die Absicht, ein lustiger Vogel zu werden; so sagt denn, wozu sollen mir die drei Oliven nützen? Bartholo lächelte in den Bart: Die nicht, rief er, die nützen dir nichts, Söhnchen, sie sind nur da, um Lucien zu bewegen, dich zu sehen! Bedenke nun aber, welchen Eindruck das auf ihr Herz machen wird, wenn sie dich, den sie bis jetzt stark und vielleicht nur zu übermüthig gesehen hat, nun schwach und ihrer Hülfe bedürftig erblickt; o, Bruder Bartholo kennt auch das Herz der Weiber. Er suchte jetzt in seinem Bettelsack und zog ein Büchelchen hervor, das er aufschlug und mir hinhielt. Es war das alte Testament und die bezeichnete Stelle beschrieb die List, die Amnon, der Sohn Davids, ausübte, um seine Stiefschwester Thamar zu gewinnen. Ich umarmte meinen dicken Freund; nicht wahr, rief er mit schalkhaft blinzelnden Augen zu mir hinauf, nicht wahr, Söhnchen, du bist eben so schön und listig als Amnon, und Lucia ist ein Mädchen wie Thamar? Er holte drei Feigen hervor und sagte: soviel Dublonen gibst du deinem guten Bruder, wenn er wahr geredet. Er ging und ich brachte eine unruhige Nacht zu, in der ich die heilige Theresia zu erblicken glaubte, wie sie ihre Hand auf meine heiße Stirne legte, so daß augenblicklich ein böses Fieber in mir aufkochte. Ich sah mich im Geiste todtkrank auf dem Lager, die Thüre öffnete sich und Lucia schwankte hinein; die Sonne brannte hinter den niedergelassenen Vorhängen, eine dumpfe, heiße, sehnsüchtig süße Stille herrschte im Gemach. Das erschreckte Mädchen zitterte vor der Glut, die meine halbgeöffneten fieberheißen Lippen athmeten, ihr Blick, schamhast gesenkt, verirrte sich auf eine entblöste Schulter, die ein warmer Pulsschlag mit einem erhitzten durchsichtigen Roth färbte; kaum vermag es ihre Hand, mir die Oliven zu reichen, ihr Arm bebt, ich komme ihr zu Hülfe und meine Berührung jagt die wahnsinnige Glut des Fiebers auch in ihre Adern. Sie sieht mir ins Auge und die rührendste Bitte klagt in dem halbgebrochenen Strahl, es ist die Seele selbst, die für den armen, in ungeheurem Verlangen dahinsterbenden Körper fleht. Ist es möglich, da zu widerstehen? wer kann dies süße Auge, diese weichen Lippen erkalten sehen zum Tode, da ein Kuß sie retten kann, ein einziger Kuß! Sie beugt sich nieder, Lippe auf Lippe wurzelt fest, ein Busen, in dem die Glut des Aetna kocht, pocht an dem ihrigen! – Arme Lucia!

Den Morgen darauf lag ich wirklich im Fieber. Eine Nacht voll Sinnlichkeit und trunkener Träume hatte mich zum Katholiken gemacht; ein wilder phantastischer Himmel brannte in meinem Gehirn, ich glaubte an jedes Wunder, Lucia war mir eine Heilige, von ihren Lippen erwartete ich

Genesung. Durch Matteo erfuhr sie meinen angeblichen Traum und das andächtige Mädchen glaubte an ihn und versprach zu kommen. Sie kam.« –

Robert blickte mit einem dunkeln, bedeutsamen Blicke hinauf. »Meine Erzählung ist aus,« rief er dann kurz und schnell. »Ja wohl,« sagte der Abt mit Lächeln, »nur die drei Dublonen fehlen, die Fra Bartholo bekam.« –

»Dergleichen Geschichten,« sagte Massiello, »will ich mir einmal nur von meinem Freunde Boccaz vorerzählen lassen; in ihm allein herrscht eine gesunde Sinnlichkeit, überall anderswo mischt sich was krankhaftes bei.« Beide Mädchen sahen schweigend und verstimmt vor sich hin. In Eduards Seele war ein Funke jenes Feuers gefallen, das von Roberts Lippen gesprüht, seine Blicke suchten Romeo, langsam glitten sie herab und blieben an dem Goldnetz der Husarenjacke hängen. Massiello lockte den Abt aus Piano, beide stürzten sich in eine dunkle sinnliche Tonflut, aus welcher nur hier und da einzelne Spotttöne, wie nackende badende Knabenköpfe, auftauchten. Robert war ganz Muthwille, er schlürfte aus dem Becher an der Stelle, wo Romeo's Lippen den Rand berührt, er flocht Jokondens Goldlocke mit Romeo's schwarzem Haar zusammen, und sprach über beide einen wunderlichen Segen aus. Als sich die Gräfin dem schönen Engländer zuneigte, fühlte sie ihren Fuß umklammert; es war Enzio, der unter dem Tisch auf seinen Knien lag und die heiße Wange an den Schuh drückte, so daß seine glühenden Thränen den Strumpf durchdrangen und auf dem kleinen Fuß brannten. »Was ist Dir,« rief Romeo und zuckte mit dem Fuß, »steh auf, wunderlicher Knabe, was soll das, wozu das?« Er erhob sich und indem er fortschlich, trocknete er sich mit den langen seidnen Locken die Augen.

Der Wagen der Gräfin fuhr vor, Massiello trieb zum Fortgehen und die Gesellschaft zerstreute sich. – Eduard, Gotthold und der Fürst führten ein Gespräch über die Schönheit in der Kunst. Massiello hatte Abgüsse von den Bildsäulen der Apostel von Bernini gesehen, und in seiner Weise kurz geäußert, sie seyen ihm zu vornehm. Der Fürst griff diesen Tadel begierig auf und brachte ihn zum Diskurs. »Und ist er nicht vollkommen gegründet?« fragte er lebhaft, »kann wohl ein gerechterer Vorwurf dem Maler oder Bildner gemacht werden, der uns jene armen, verkannten und mißhandelten Männer, die nichts anderes waren als Bettler, Taglöhner oder Fischer, als schöne prächtige Leute, gleichsam als irdische Fürsten hinstellt?« Der Graf trat hinzu und sagte: »Freilich, das ist christlich gesprochen, der alte Adam, der uns in den Nacken schlägt.« »Und doch wie natürlich,« rief der Fürst, »was der Mensch liebt, verehrt, das stellt er so hoch, wie er es vermag, dem wirft er den Purpurmantel um, er legt ihm gleichsam die süßesten Schmeicheleien in Ton und Farbe zu Füßen, und liebkost ihm mit den zärtlichsten, schönsten Lauten seiner Sprache; liegt darin eine Verwirrung?« »Doch wohl,« nahm Gotthold das Wort, »denn der Mensch zieht, obwohl unbewußt, das Hohe herab und stellt sein Ich in kecker Vertraulichkeit nebenan. Hier scheidet sich Heidenthum vom Christenthum, oder noch strenger,

Protestantismus und Katholizismus.« Der Fürst: »Wir Protestanten sollten also eigentlich gar keine Bilder vom Höchsten haben?« Gotthold: »Eigentlich nicht, denn wir sollen ihn anbeten im Geist und in der Wahrheit.« Der Fürst: »Das verstehe ich nicht; heißt das nicht eben so viel als: der unendliche, prachtvolle Himmel mit seinen zahllosen Sternen breitet sich vor uns aus, der menschliche Geist erschrickt vor der Größe, um sie zu fassen, um den Himmel menschlich zu umgrenzen, faßt er die Sterne in einzelne Bilder zusammen; nun weiß er sich zu finden, jetzt hat er gleichsam den Himmel gewonnen, da kommt eine Hand und raubt ihm die Bilder, und läßt ihm den bilderlosen, unverständlichen Himmel und gebietet ihm, an den fernen, zu fernen Stern zu glauben.« Gotthold: »Nicht unrichtig, das Licht des Sternes ist das Symbol des Unauffaßbaren, Unbegreiflichen.« Der Fürst: »Wie kalt, wie streng!« Gotthold: »Doch soll die Malerei es immer wagen, in Demuth und Selbsterkenntniß nach einem sichtbaren Bilde des Ewigen zu streben, da er auftrat in sichtbarer Gestalt unter uns. Hemling, Schoreel, Van Eyck, auch Dürer sind Christusmaler, und Bilder, wie sie sie gemalt, befahl Luther in unsern Kirchen Aufzuhängen.« Der Graf und der Fürst drehten sich unwillig weg, und Gotthold sagte eifriger: »Auch wir haben eine Schönheit, doch sie ist nicht jene falsche, gleisnerische, die Kupplerin des Lasters, die Schmeichlerin der Welt, sondern eine ernste, große, durch Schmerzen verherrlichte. Die Magdalena des Coreggio fährt fort zu verführen, indeß sie bekehren sollte.« »O diese rührende Gestalt,« sagte der

Fürst lebhaft, »dieses süße bleiche Antlitz, über das die herbe Thräne rollt, dieser schöne Busen, in dem ein Herz schlägt, das im bittern Schmerze mit sich selbst und seiner Fülle im Kampfe ist! Das vornehme und glänzend erzogene Mädchen irrt barfuß im Walde herum, ihr seidnes Haar, früher mir köstlichen Salben getränkt, flattert dem Winde preisgegeben, sie leidet vielleicht Hunger!« Gotthold: »Wie sinnlich ist dieses Mitleid; ihr Hunger, ihre verlassene Lage bewegt nicht mein Herz, aber wohl fühle ich innige Rührung um sie, da sie in Schwelgerei und Vollgenuß schwer an den ewigen Schätzen darbte, ihr Inneres so traurig verwahrlost ward.« – Eduard brachte das Gespräch wieder auf die Schönheit zurück. »So ist es ausgemacht,« sagte der Fürst, »daß im Alterthum die Quelle künstlerischer Schöpfung die Natur in ihrer sich selbst genügenden Fülle war, indeß sie bei uns in der Offenbarung besteht.« Gotthold: »Ein vielsinniges, oft mißverstandenes Wort!« Der Fürst: »Wollen wir dafür setzen: Traum, Eingebung, Abstraktion, kurz, ein geistiges Prinzip, das, wenn der Künstler seine Aufgabe recht bedenkt, eigentlich dem Meißel wie dem Pinsel ganz entschlüpft.« Der Graf: »Durchaus; denn wo Körper ist, ist Sünde, und die Abzeichen einer gefallenen Natur dürfen wir dem Gotte nicht zusprechen; die Begriffe von Schönheit sind alle viel zu sinnlich, um da Stand zu halten, wo das Uebersinnliche eintritt. Blut, Leben, Leib, Sünde, hat immerdar den Körper der Poesie ausgemacht. – Mit einer Berechnung läßt sich nichts anfangen, das Symbol ist nur Zahl, der abstrakte Begriff ein Fazit, das ein geschickter logischer Rechenschüler seinem Meister nachrechnet; die Gestalt aber ist ein vom Himmel gefallener Funke, zündend, gewaltig, geheimnißvoll, wie der verschleierte Gott selbst, aller menschlichen Forschung verborgen, die Schöpfung eines lebenden Nervs, das Ergebniß des bewegten Bluts! Träumer, Schwärmer, Fanatiker haben eine Kirche, Philosophen keine; ein wahrer Künstler gehört aber immer mehr zu den erstern, zu den leztern nie.« Er wandte sich und ging, und Gotthold sagte: »Auch ein trauriger Irrthum, dem unsere Zeit sich zuwendet.« Der Fürst: »Der Graf hat Recht; ich sehe den Verfall der Kunst in ihrer Vergeistigung.« Gotthold erwiderte: »Freilich sollen wir den Geist wiederum erlösen, den die Alten in Bande, wenn gleich in schöne, fesselten; auch wir müssen die Natur studieren, doch nicht sie allein, da sie zugleich mit dem Menschen eine gefallene und verderbte ist.« Ein leiser Hohn zuckte hier über die Lippen des Herzogs, er brach das Gespräch schnell ab und ging auf rein religiöse Gegenstände über; Gotthold sprach warm und kräftig, und Eduard bemerkte, wie ein aufdämmerndes, ernstes Nachdenken die Stirn des Herzogs umschattete. Erst spät trennte man sich. –

Robert hatte vom Fürsten die Erlaubniß erhalten, Eduarden der Prinzessin Braut vorzustellen. Sie fanden Massiello dort und die Fürstin war eben mit diesem in einem Gespräch über altitalienische Musik begriffen; Eduard betrachtete sie mit neugierigen Blicken – sie war nicht schön, auch nicht mehr jung, doch in ihren Augen lag eine unbeschreibliche Klarheit und Güte, ihre Haltung war gezwungen, ihr Anzug kostbar, aber ohne Geschmack. Neben ihr im Sessel lag, wie eine träumende, trunkene Bacchantin, Gräfin Eva, wie gewöhnlich in schwarzer Seide gehüllt, mit dem großen katholischen Kreuze auf der Brust. Sie blickte nicht auf, sie hob nicht den träumenden Lockenkopf und doch zeigte ein feines Lächeln um ihren Mund, daß sie alles sah und hörte. Der Fürstin zur Linken saß ein junges blasses Fräulein mit einer ziemlich starken Nase, neben dieser, tief im Schatten, eine Gestalt, die mehr der Nacht als dem Tage anzugehören schien – unbeweglich starr, nicht mit einer Sylbe sich ins Gespräch mischend; ein Schleier deckte ihr Antlitz, unter dem weit verhüllenden Gewande sahen nur zwei kleine niedliche Füße hervor. Als der Herzog sich zu ihr setzte, wandte sich der schwarze verschleierte Kopf langsam zu ihm um und schien einige sibyllinische Weissagungen zu murmeln, so ernst und schroff wurden die Züge des Fürsten ihr gegenüber.

Im Herausgehen trafen beide junge Männer auf der Treppe mit Massiello zusammen. »Nun, wie gefällt Euch, ihr Genialen, das fürstliche Mädchen,« fragte er mit *mezza voce;* »nicht wahr, so etwas kirchenverbesserliches, augsburgisch-konfessionsartiges, protestirend und refüsirend, ein Eis von Tugend und Ceremoniel, das einen gesunden Magen bis zum Tode erkälten kann, und neben ihr das Büchlein voll buhlerischer Lieder, welches ein Schalk, des Kontrastes wegen, in schwarz Maroquin mit

Goldschnitt gleich einem Gesangbuch hat binden lassen, mit einer frommen Titelvignette.« »Wer war das junge Mädchen und ihre verschleierte Nachbarin?« fragte Eduard. »Die Schwarze,« entgegnete Massiello, »ist eine vagabondirende Hoffrau – beide Damen sind vom prophetischen Geiste durchdrungen, und die Großnasige gehört zu den Gescheuten, die nie ›der Alkoran‹ sagt, sondern ›der Koran,‹ weil sie genugsam weiß, das Al nichts geringeres ist, als der arabische Artikel; sie heißt Magdalena.«

Als Eduard auf seiner Stube angelangt war, erhielt er ein Briefchen von Jokondens Hand, das ihn einlud, heute Abend zu ihr zu kommen ins Fischerhäuschen, der Fürst wünsche es. Zugleich kam ein bloßes Papierchen angeflogen mit leisen Bleistiftzügen: »Komm heute Abend zu mir – zu uns – mein Eduard! ich bin krank und Du kannst trösten deine Emilie; komm bei unsrer Liebe gewiß.« Eduard schob in quälender Ungewißheit seinen lezten Entschluß auf die lezte Minute, doch als diese schlug, war er am Fischerhäuschen, und beschwichtigte sein Herz mit dem Versprechen, nach ein paar Minuten sogleich zum Maler hinüber zu fliegen.

Von einer einsamen Lampe beleuchtet, in die Ecke des Sopha's gedrückt, saß – Gräfin Eva.

Mitternacht war vorüber, als Eduard über die dunkle Gasse zu seinem Hause zurück schlich. In Emiliens Wohnung war ein Fenster erhellt, der Vorhang war herabgelassen und dunkle Schatten glitten drüber hin. In dem Augenblick rief eine Stimme: »Jesus Maria – so sind Sie da! – und wie hab' ich Sie gesucht!« Gottholds Diener stand vor Eduarden, doch dieser hatte sein Haupt in den Mantel gehüllt, lehnte an dem eisernen Geländer der Treppe und gab kein Laut zur Antwort. »Was fehlt Euch, Herr!« rief der Erschreckte; »Ihr seyd ja taub und stumm, und Eure Hand, Gott, wie kalt! so kommt doch herauf, das Fräulein wird sich sogleich erholen wenn, sie Euch wieder sieht; sie hat lange, lange auf Euch gewartet.« Er lief in Eile die Treppe hinauf, als er mit dem alten Gotthold zurückkehrte, war Eduard verschwunden, der schneidend kalte Nachtwind blies die Lichter aus, und ein dichtes Schneegestöber trieb vom Himmel herab.

Diese Nacht hatten die Freunde bestimmt, um die wunderlichen Gebote des alten Fleackwouth zu erfüllen. Er war nämlich an den Folgen seiner Verwundung wirklich gestorben und Robert hatte erklärt, er wolle durch nichts von seiner Pflicht, den Alten an den Galgen zu schaffen, sich entbinden lassen. Massiello hatte der Polizei im Stillen Kenntniß von dem Vorhaben gegeben, und da außer ihr Niemand als die Freunde um die wunderliche Feierlichkeit wußten, so war, als der Zug sich ordnete, die ganze Nachbarschaft im tiefsten Schlafe begraben, und Niemand sah es, wie sie im Schneegestöber und in der Nacht mit einer einzigen trüben Fackel hinauszogen. Als man mit der Leiche noch beschäftigt war, trat Eduard hinein, und Robert sah seinen leuchtenden Augen, seinen erhitzten Wangen an, von wo er kam. Er trat stürmisch auf ihn zu, drückte ihn an seine Brust und rief: »Du Seliger, wie beneide ich Dich um diesen göttlichen Contrast; eben

den Becher der Lust von den Lippen gesetzt, und nun jener strengen, kalten Weltgerichts-Larve dort gegenüber. Ein bluterhitzter Frühlingsleib und hier ein schon verstäubender! Wahrlich, schnell muß die Traube deines Dichter-Genius sich zeitigen, wenn solche Sonnen sie bescheinen, solche schwüle Blitze sie umspielen.«
»Wahnsinniger,« rief Eduard, »so kannst Du bei allem diesem nichts denken, als wie ein Verslein daraus entstehen mag? Dort Treubruch, hier Selbstmord und Du —« Robert lachte laut auf: »So alterire Dich doch nicht, schöner Bube, das ist ja eben der *haut-goût* des Lebens, so ein zerschossener Schädel ist das delikateste Wildpret für einen Poetenmagen. So lerne doch einmal den Humor verstehen, der da witzelt, wo er ohnmächtig zusammen brechen möchte vor ungeheurem Schmerz! O göttlich, wo der Blitz des Genies so riesenkräftig alle elende Verhecke der alten Mutter Tugend und Moral zusammensplittert. Ich denke mir nichts Süßeres, als einmal mit einem humoristischen Knalleffekt, unsterblich wie nur irgend ein großer Geist, in den Himmel einzugehen, nämlich auf die Weise, daß ich, während die Pistole in meiner rechten Hand zum Selbstmorde bereit ruht, zu meinem Kammerdiener süß lächelnd spreche: o seyn Sie so gut, theurer Dienender, und halten Sie mir gefälligst beide Ohren zu, damit ich nicht zu sehr erschrecke bei dem vielleicht etwas zu lauten Knall.« – Am Ausgang fühlte sich Eduard von zwei stürmischen Armen umschlossen, es war Massiello. »Sie kommen doch, mein theurer Eduard, mit uns zum Galgen? Die Polizei erlaubt gütig, daß wir

74

diesen frühern Bewohner von Alt-England hinausführen; hat er ein halbes Stündchen gehangen und meine Rede mit angehört, so sorge ich für ein gutes Begräbniß. Die Sache ist wirklich ein kleinwenig entsetzlich und ich will in meiner Rede die Kumpane, und besonders den Robert ermahnen, Religion anzunehmen, das heißt, etwas Solides zu treiben und an etwas Solides zu glauben.« Er sprach noch weiter, doch der Wind verwehte seine Worte. Eduard bog um die Ecke, indeß der Zug ein Seitengäßchen einschlug und sich bald darauf in der Nacht verlor. Die Thurm-Uhr schlug ein donnerndes Eins.

Vierzehn Tage waren vergangen, die Anstalten zu den Vermählungs-Feierlichkeiten beschäftigten die Stadt. Eduard hatte sich einen freiwilligen Arrest gegeben und sein einsames Zimmer nicht verlassen; die Freunde wußten nicht anders, als daß er krank sey, seine Seele war es auch wirklich. Während der Einsamkeit beschäftigte er sich, ein Bild zu componiren, welches den Zustand seines Gemüths ausdrücken sollte. Am fünfzehnten Tage öffnete sich leise die Thüre, und der Abt trat in's Zimmer, »Ich gehe, wie die Braut im hohen Liede, herum,« sagte er freundlich, »um meinen Freund zu suchen, denn der Weinstock gewinnt Knoten, die Granatblüthe duftet – wo weilst Du, schönster unter den Männern, meine Seele ist krank vor Liebe. O wer mir das herrliche Lied nur einmal malen könnte, aber bei Leibe nicht im streng dogmatischen Styl, wo Braut und Bräutigam in zwei symbolische Schnörkel sich auflösen, und das heiße duftende Aroma höchster Liebessehnsucht auf den simpeln Weihteller einer kleinen Dorfkirche geschüttet wird, um als orthodoxes Räucherpulver in die knöchernen Dorfnasen zu ziehen! Aber, aber auf der letzten verstecktesten Bank in der dunkeln Kirche sitzt ein armer, blasser, zusammengebrochener Jüngling, der schüttelt die weißgelben langen Locken, wenn das orthodoxe Pulver sich ihm naht, in seine Seele schlägt eine laute Nachtigall hinein, Granat- und Mandelblüthe brechen in Frühlingshast auf, und die Zeder Libanons hebt ihr Haupt, und der ganze orientalische Himmel mit seiner Liebesglut dämmert im Busen des stillen Knaben auf; er begreift die wundersame zärtliche Sage, und er sieht das Mädchen weinen im Keller bei den Krügen, seine bleiche Wange erröthet, wenn er an den Leib denkt, gleich einem schimmernden Weizenhaufen, an den Busen, gleich zwei Rehzwillingen. Er belauscht das Gespräch der Töchter Jerusalems, und in seiner Brust tönt leise die Stimme: Eine aber ist meine Auserwählte, meine Taube – komm, du Schönste unter den Jungfrauen, komm und weile bei mir!« – »Was macht man bei Hofe?« fragte Eduard ziemlich prosaisch dazwischen, was macht – er stockte und eine Röthe überflog sein Antlitz – er bezwang sich und nannte kalt den Namen der Gräfin Eva. – »Man sieht sie wenig, sie ist fromm, Massiello ist immer am Hof, er musizirt mit dem Fräulein Magdalena, Robert hat eine Liebschaft auf dem Lande und eine Zankangelegenheit in der Stadt, die der Fürst vergeblich zu vertuschen strebt. Der Treffliche, nämlich unser Principe, geht einer Crisis entgegen, man sagt, daß er den neuen Weibern anheimfällt. – Fräulein Magdalena ist Schwärmerin und Pietistin, die Arnthal hat übernatürliche Zusammenkünfte und Erscheinungen – es sind einige mystische Thees gehalten worden, zu denen unser Einer keinen Zutritt erhält. Die kleine blonde Jokonde ist fast vergessen, nur ich schleiche manchen Abend zu ihr, und wir weinen in Mollakkorden und regnigten Nokturno's unsere Thränen hin. Das arme Kind dauert mich, sie steht oft vor ihrem Spiegel und scheint sich zu fragen, für wen zieh' ich ein neues Kleidchen an, für die Meereswellen, die da draußen rauschen? oder für den Sturm, der an mein Hüttendach schüttelt? für den alten Haushahn im Hofe? Sie sehen, Freund, es hat sich manches geändert, während Sie in ihrer kleinen Bastille steckten.« Er ging wieder, und Eduard war so zerstreut, daß er das breite freundliche Gesicht noch vor sich sprechend glaubte, indeß der Abt schon längst um die Straßenecke gebogen war und einem schmackhaften Souper entgegenging. Mögen sie doch treiben, was sie wollen, rief er in sich hinein, immer bunter, immer toller, meinethalben – ich will heirathen und zwar meine Emilie; es gibt doch nichts Solideres auf der Welt, als eine Ehe! – Er warf seinen Mantel um und schritt in die Dunkelheit hinaus. Der fürstliche Pallast war erleuchtet, und sein aufschauendes Auge glaubte am hellen Fenster Massiello's kleine elegante Figur hinstreifen zu sehen. Die Franziskaner-Kirche lag wie ein schwarzer Riese vor ihm – die Thüre war angelehnt, er trat hinein. Ganz am Ende der hinabwandelnden Steinsäulen flimmerte ein Licht, als er darauf zuging, bewegte es sich ihm entgegen den Gang hinauf. Es war eine Dame, in schwarze, schleppende Gewänder gehüllt, vor ihr ein Knabe mit einer Fackel. Eduard staunte die rothen Blumenwangen des schönen Knaben an, dessen Blicke im Strahl der Fackel blitzend über die Schulter sahen und auf zwei dunkle Liebessterne trafen; es war Enzio und Gräfin Eva. Ihr schwebender sinnlicher Gang floß wunderbar schwankend dahin, das goldne Kreuz schlug bei jedem Schritt an die Brust, – ihr Auge blickte unverwandt auf den rückschauenden Knaben; so ging sie dahin in die Nacht, die Andacht von der Sinnlichkeit geführt – Amor und Venus Urania! Das Steinbild eines alten Heiligen, an dem sie vorüberschritten, sah sich verwundert nach dem schönen Mädchen um, und eine heilige Magdalena blickte aus einem Bilde von ihrer Bußpredigt auf nach dem schlanken Pagen. Eduard trat aus seinem Dunkel hervor und schritt auf die wandelnde Gruppe zu; die Gräfin wich erschreckt aus, doch als sie den Jüngling erkannte, glitt ein bittendes Lächeln über ihre schönen Züge – sie winkte Schweigen und hob den Rosenkranz in die Höhe. Als sie vorübergegangen, sah sich ihr Auge noch einmal nach ihm um, sie wollte sprechen, doch der Page schritt so schnell, daß sie im selben Augenblicke mit ihm in der Thorhalle verschwand. Bald rasselte der Wagen mit seiner schönen Beute davon. Voll Sehnsucht streckte Eduard seine Arme nach der Entschwundenen in die Nacht hinaus, dann erschrack er über sich selbst, er lenkte in die Gasse ein, wo Emilie wohnte, doch willenlos blieb er an der Ecke stehen.

Er hätte die Vorübergehenden fragen mögen, wohin sie so eilig gingen, ihm schien in der Welt nichts mehr so wichtig, daß er deßhalb den Fuß zum Weitergehen aufsetzen möchte. In der Dunkelheit trat eine Gestalt ihm nach, es war der alte Gotthold. »Wo gehen Sie hin?« fragte Eduard. »In den Abendzirkel zur Fürstin,« war die kurze und schnelle Antwort. »Sie? dorthin?« rief der Erstaunte, doch der alte Mann war schon verschwunden. Ein Wagen fuhr vorbei und die Stimme des jungen Arztes, den Eduard bei dem tollen-Fleackwouth gesehen, rief: »Guten Abend, Freund, nehmen Sie doch Platz neben mir und fahren Sie, wenn Ihnen nichts Besseres obliegt, mit mir in's nahe Dorf, wo unser Freund Robert sich aufhält. Mich rufen Geschäfte, aber Sie können bei der Gelegenheit dem beginnenden Frühling entgegenlauschen.«

In diesem Moment war unserem Träumenden nichts willkommener, als eine solche Einladung, schnell setzte er sich ein, und in ein paar Stunden hatte man das Dorf erreicht, dessen Lichter durch das nackte schwarze Gesträuch durchschimmerten. Der Doktor verließ unsern Freund bei einem Kreuzwege, nachdem er ihm umständlich beschrieben, welche Richtung er einschlagen müsse, um zu Roberts Häuschen zu kommen. Eduard drückte seinen Hut in die Stirne, schlug seinen Mantel fester und schritt langsam die Dorfgasse hinauf; am Ende derselben fand sich ein Häuschen, mit der einen Seite an die Kirchhofmauer angebaut, ein kleiner dunkler Hofraum schloß ein paar Nebengebäude ein, und das erleuchtete Fensterchen nach der Gasse war der einzige Lichtpunkt in dem finstern Gemälde. Eduard stellte sich vor das Fenster und spähte durch die Spalten der festgezogenen weißen Vorhänge. Er konnte nichts als eine rothe Wange sehen und etwas blondes Haar, das an einem schöngeformten kleinen Ohr herabfiel; nicht lange, so kam eine Hand und spielte mit diesem Haar, zugleich tönte ein Gelächter aus der kleinen Stube hervor. Jetzt mußte man ihn bemerkt haben, denn der Vorhang wurde fortgeschoben und Roberts Antlitz sah in die Nacht hinaus, das Fenster ward leise geöffnet und der blonde Kopf zeigte sich mit zwei großen blauen Augen in die Finsterniß starrend. Eduard drückte sich zur Seite, und die Beiden zogen sich wieder zurück. Er bestieg jetzt die niedrige Kirchhofmauer, und indem er sich auf ein Grab niederließ, blickte er, den Kopf in die Hand gestützt, unverwandt in das kleine erhellte Fenster. Unerhört, rief er bei sich, da bringt er nun seine vornehme Verderbtheit, seine vergifteten Gedanken und Bilder, seine geschwächten Küsse und entkräfteten Liebkosungen dem jungen Leben dar und hängt sie einem Busen um, der kalt, frisch und glänzend sich eben der Knospe entdrängt. Er muß ja überall siegen, denn schön, wie er, ward nicht leicht Einer geschaffen.

Der Mond erhob sich jetzt voll und schwimmend über das schwarze Schieferdach der Dorfkirche, er ging leise mit seinem Licht immer vorwärts, als überzähle er die Gräber, ob seit gestern kein neues hinzu gekommen, die halbversunkenen Kreuze sahen wie schwarze seltsame Blumen aus, die jedem darunter schlafenden verstäubenden Schädel entwachsen zu seyn schienen. Vom

Nachbardorfe kamen die Straße herab einzelne Spielleute, sie blieben vor dem Hause des Amtmanns stehen und bliesen so lange und bittend, bis sie eine spitze Nachtmütze aus einem der obern Fenster herausgeblasen hatten. Es wurde gedankt, Geld fiel herab und die Bande zog weiter. Eine Stille trat ein, dann fing ein entfernter Hund zu bellen an, aus einer andern Gegend antwortete ihm ein Kamerad, dann ließ sich in der Nähe ein heiserer Kettenhund vernehmen, und nicht lange, so bellten alle Hunde im Dorfe, zwischendurch hörte man das elegische Knarren eines Ziehbrunnens und dann die hüpfenden Töne des wieder niederfahrenden Eimers. Eduard sah jetzt mehrere Männergestalten, die langsam um die Ecke bogen und sich dem Hause mit dem hellen Fensterchen näherten; sie waren im Streit mit einander, ein ältlicher Mann, wie es schien, wollte die drei jüngern zurückhalten, er hatte den einen derselben am Arm, den andern am Rockschooß, den dritten bei der Hand gefaßt, und von den vielen Worten, die er bald bittend bald drohend ausstieß, konnte Eduard nur folgende vernehmen: »So nimm doch Rath und Vernunft an, Caspar; wir können ja offenbar weit mehr ausrichten, wenn wir den Schulzen wecken und ihn herbringen, damit er mit eigenen Augen den Spitzbuben bei ihr entdeckt!« – »Einfältiges Zeug, rief einer der jungen Leute, ich soll wohl warten bis der träge Schulze sich aus den Federn hebt, die Nachtmütze abwirft und in die Kleider fährt, unterdeß könnte wohl allerlei geschehen, was du und der Schulze nicht wieder gut machen können, nein, nein, laßt mich los, es ist am besten, ich verlasse mich auf meinen starken Arm und diesen Knüttel; mag nachher geschehen was da will, hab' ich nur erst mein Müthchen gekühlt, und dem Burschen drinnen bewiesen, daß es gerathen ist, ein ehrliches Mädchen und dazu meine Braut in Frieden zu lassen.« Eduard begriff jetzt die ganze Intrigue; ihm wurde für Robert bange, wenn er die drei kräftigen Gestalten betrachtete, die jetzt auf das Haus leise zuschritten, nachdem sich der Alte von ihnen getrennt hatte und zurückgeblieben war. Sie gingen behutsam vorwärts und indem einer sich als Wache am Fenster hinstellte, drangen die zwei andern in den dunkeln Hofraum, um von dort wahrscheinlich in die Hausthür zu gelangen. Eine Zeitlang blieb es ganz stille, die Gestalt am Fenster gab nicht das mindeste Zeichen von Bewegung, und aus dem Stübchen tönte von Zeit zu Zeit eine lachende Stimme. Plötzlich fing ein Hund zu bellen an, man hörte Jemanden stolpern und fallen, dann fluchen, zu gleicher Zeit ward eine Thür aufgestoßen, und mehrere Stimmen wurden laut. Der Vorhang am Fenster flog fort, das Fenster ward aufgerissen und ein heftiges, anhaltendes Geschrei, Gepolter, Zank und Handgemenge tönte auf den ruhigen Kirchhof hinaus. Der Bauerbursche, der sich als Bräutigam genannt, lehnte weit aus dem Fenster heraus und rief seinem Kameraden zu, hereinzukommen um das Mädchen einzufangen, welches im Gedränge entschlüpft sey, und sich wahrscheinlich irgendwo versteckt halte. Der Aufgeforderte sprang auch sogleich ohne weiters mit einem Satze ins Fenster hinein. Jetzt sah man viele schwarze Gestalten sich im Handgemenge durcheinander bewegen, das Licht wurde umgestoßen und fiel zu dem Fenster hinaus in das Gesträuch vor demselben, ein Häuflein Stroh fing sogleich Feuer und bald schlugen die lichten Flammen hinauf. Ein noch heftigeres Geschrei ertönte, – in dem Moment sah Eduard eine schlanke Gestalt sich mit graziöser Biegung aus dem Fenster stürzen und mitten durch die Flammen durchspringen. Es war Robert, der sich vor den derben Fäusten nicht anders zu retten wußte; er eilte jetzt mit glimmenden Rockstößen die Straße hinab, von einer Menge Hunde verfolgt die ihm nachbellten. Die Bauern hatten genug zu thun, die Flamme wieder zu dämpfen; als dies geschehen war, standen sie verblüfft da und guckten in den Mond, denn weder Robert noch das Mädchen waren in ihrer Gewalt. Murrend und scheltend gingen sie endlich miteinander fort, und noch von fern hörte man sie zanken. Nach und nach hörte man jetzt im Dorfe die Hausthüren öffnen, hier und da auch die Fenster, es wurde in der Ferne und Nähe gesprochen, gefragt, allmählig hörte dies auf und die tiefe klare Stille der Mondnacht lag wieder mit glänzender Meiße über dem Schauplatz so wunderlicher Ereignisse.

»Du hast da,« sagte Robert zu unserm Freunde, als sie am andern Tage im ärmlichen Wirthshause bei einem Schoppen schlechten Landweins beisammen saßen, »ein Histörchen mit angeschaut, das, glaub' ich, im Sinn des Boccaz angefangen und beendet wurde, denn bei einer guten Novelle dieses Meisters dürfen die Prügel eben so wenig fehlen als die Küsse. Nur hätte ich von deiner Kraft und Freundschaft etwas anderes erwartet, als ein ruhiges

Hocken auf der Kirchhofmauer, indeß ich die Schattenseite eines Idylls kennen lernte.« Eduard brachte einige Entschuldigungen vor, doch Robert unterbrach sie und sagte lachend: »Laß daß, mir sind diese Kraftäußerungen ganz gelegen, ich werde jetzt um so begieriger den Zartheiten nachgehen, wie sie in den Solons uns geboten werden; mein Wunsch ist nur, daß Du auch die Kleine kennen lernst, um deren willen diese Lärmtrommel geschlagen wurde. Sie ist nicht sonderlich schön, und ich habe mich eigentlich nur in ihr Lachen verliebt; das versteht sie meisterlich, eine reihe Zähne und ein Grübchen kommen dabei zum Vorschein, wie sie nie reizender gebildet worden. Ueberhaupt wie selten versteht ein Mädchen schön zu lachen, die meisten schneiden unleidliche Grimassen. Das eigentliche süße Lachen muß den ganzen Körper lieblich durchschütteln, und Wange, Kinn, Busen und Hals mit hastig aufgeblühten Rosen überschütten; am reizendsten lachen in der Regel Blondinen, denn bei denen treibt das Blut jenen durchsichtigen Rosenschleier sogleich über die zarte blendende Haut, und sie erröthen bis unter die goldnen Locken hinauf. Wer anmuthig zu lachen versteht, der wird nie alt; ich habe eine bejahrte Frau gekannt, die durch ihr frisches Gelächter sich in die früheste Jugend hinauflachte und so viele altlachende junge Mädchen beschämte. Das Lachen ist recht eigentlich ein Volkslied, es muß aus dem innern Menschen, gleichsam wie die wahre Poesie herauftönen, die Regeln der Schönheit und des vornehmen Anstandes werden nie ersetzen können, was von der Natur

84

versag worden. Ich hab' ein sehr gescheutes Mädchen gekannt, die sehr geistreich lachte, das heißt, nur bei passender Gelegenheit, und wieder ein halbblödsinniges Geschöpf, das alle Augenblicke und stets über nichts lachte, dabei aber die süßeste Jugend entfaltete, und ich zog sie unbedingt der erstern vor.«

Beide gingen jetzt die Gasse hinauf, zu dem Häuschen an der Kirchhofmauer. Wie ganz alltäglich und prosaisch erschien der Platz am Tage. Robert klopfte gähnend an die kleine Pforte, sie wurde von einem feisten Bauerburschen aufgethan, den der Bräutigam als Wache bei dem Mädchen gelassen hatte. Marie, so hieß diese, begrüßte ihre Gäste mit einem verschämten Lächeln. Eduard band sich sein neues Halstuch ab und knüpfte es ihr um den hübschen Hals; sie fand alles, was man that und sagte, äußerst lächerlich, und machte tausend ungeschickte Bewegungen. Es wurde abgemacht, daß Eduard wenigstens eine Woche im Dorfe bleiben sollte, ein Stübchen in der Nähe war bald gefunden. Als das Gespräch eben am lebhaftesten war, erschien plötzlich der Bräutigam und fing auf seine Weise zu fluchen und zu lärmen an, zugleich zeigte sich eine verknöcherte alte Ehrenwächterin, die sich ihres Amtes mit großem Eifer annahm. Die Freunde entfernten sich mißmuthig, und es wurden Pläne geschmiedet, wie man die Kleine mitten aus ihrer Ehrenwache entführen könne. Eduard, der sich noch immer nicht mit Leichtigkeit in gewisse Ansichten des Lebens finden konnte, ging gewöhnlich seinen Weg für sich und zeigte nur zu deutlich den innern Zwiespalt. Er wollte diese ländliche

Einsamkeit, die ihm wie ein plötzliches Geschenk zu Theil geworden, mit ernsten und würdigen Beschäftigungen hinbringen, doch eine verworrene Unbehaglichkeit hatte sich seines Gemüths schon in dem Grade bemeistert, daß er es für bequem fand, sich Roberten immer mehr und mehr hinzugeben. »Ist es nicht thöricht,« sagte er einmal zu ihm, »daß wir unser Leben und dessen schnell vergängliche Blüthe alten grauen Irrthümern, verjährten Meinungen, zahmen und mißgestalteten Gesetzen, albernen Grillen zum Opfer bringen, die nichts für sich haben, als daß ein paar tausend Menschen, die gerade der Zufall mit uns in Eine Zeit warf, jene Irrthümer, Meinungen, Lehren und Gesetze als Norm und Regel aufgestellt haben. Zwängen wir nicht auf diese Weise den jungen aufsprossenden Baum früh in ein steifes Gerüst, damit er mit den übrigen Bäumen und Pflanzen im Garten ein seltsam geregeltes Ganze ausmache. Du aber, mein Robert, stehst in diesem holländischen Garten als ein selbstständig keck auffliegendes Bäumchen da, dessen Saat wohl ein wundervoller Zugvogel aus fremden Ländern holte und fallen ließ; mit einem gewissen übermüthigen Wahnsinn weinst und lachst Du deine hellen Blüthen heraus, Du erzwingst mit Hast einen Frühlingshimmel über Dir und bist zufrieden, wenn auf diese schnellen glänzenden Sonnenflocken ein jäher Tod deinem Leben ein Ende macht. Und verdient das Leben denn auch Ernst und Sorge? Ich kann mir denken, wie alte prächtige Könige aus grauer Vorzeit müde und überdrüssig in ihr Grab gingen, ja daß sie ganze Pyramiden darauf wälzen ließen, um sich die Rückkehr in das Leben, das sie verachteten, zu verbauen. Wie machtlos brach sich denn das nichtige Geräusch drauf folgender Jahrhunderte an den gigantischen Mauern, worunter die alten Uebelgelaunten schliefen.« – Robert ergötzte sich an der letzten Bemerkung sehr und meinte, von diesem Standpunkt angesehen, erschienen ihm jene ungeheuern Leichensteine wahrhaft grausig.

»Unerhörte Dinge, Freund!« rief der Abt Eduarden zu, als dieser nach einigen Wochen wieder in der Stadt erschien, und dem dicken freundlichen Gesichte auf dem Wege zum fürstlichen Pallaste begegnete; »unerhörte Dinge sind geschehen, Liebwerthester! wo haben Sie denn in aller Welt gesteckt? Es hat köstliche Diners, Soupers gegeben, zu denen man Sie eingeladen hat. O die Frommen essen auch und wissen eine Trüffelpastete sehr gut von einem Grützkuchen zu unterscheiden. Aber wo waren Sie, theuerster Jüngling? – wie gesagt, große Dinge sind im Werke – kommen Sie, – o es gibt eine lange Erzählung! – mir nach, mir nach!« – Er zog den sich Sträubenden fast mit Gewalt in eine nahe Restauration, dort ließ er Chokolade serviren, und mit der dampfenden Tasse am Mund setzte er seine Rede fort, wiewohl mit leiser Stimme. »Für's Erste erfahren Sie nur, daß Serenissimus, unser allergnädigster Principe, ganz des Teufels ist; man raunt sich für gewiß in's Ohr, daß der Treffliche den Thron quittiren will, um mit Fräulein Magdalenen eine kleine mystische Sekte zu formiren, der Himmel weiß, wo. Er sperrt sich Tagelang mit ihr ein, die Theater und

Gesellschaften stocken, die Vermählung geht einen Schneckengang, die Fürstin Braut ist in einer höchst peinlichen Lage, Fräulein Magdalena liegt Tag und Nacht clairvoyant da, und ein paar andere Damen haben die Offenbarungen und Prophezeihungen auf ihren Theil genommen, und leisten in der kurzen Zeit etwas Erstaunliches. Man vermuthet, daß das ganze Schauspiel vom Nachbarhofe eingeleitet worden ist, um die Verbindung des Herzogs rückgängig zu machen, und ihn vom Throne zu verdrängen. Und das Seltsamste ist noch – wen glauben Sie wohl an der Spitze der heiligen Sippschaft? – rathen Sie einmal! – den alten Gotthold, in den alle ganz verliebt sind.«

Eduard war über diese Mittheilungen ganz erstaunt und nahm sich vor, mit eigenen Augen zu prüfen so bald als möglich, indeß schwatzte sein dicker Gefährte weiter, indem er die geleerte Tasse auf den Tisch setzte, und sich lächelnd die Lippen reinigte. »Mir haben Sie wahrhaft satanisch mitgespielt, hören Sie nur, süßes Wesen! Ich komme einen Abend, um Serenissimus zu sprechen; meine Seele ahnet nicht, daß Fräulein Magdalena wieder ein magnetisches Solo spielen will; leise trete ich in's Gemach und sehe beim Scheine der trüben Mondlampe ein liegendes Frauenzimmer auf den Polstern des Divans, um sie herum einige stille Gruppen, die bei meinem Eintritt wie Pagoden mit den Köpfen nicken; der Fürst legt den Finger auf den Mund, natürlich schweige ich und bleibe stehen – was geschieht? – plötzlich zuckt es im Antlitz des liegenden Frauenzimmers, ihre Brust hebt sich, die Arme

fahren auf und sie stößt einen Schrei aus, Alles stürzt hin –
Bestürzung, Furcht, Besorgniß in allen Blicken! – man
frägt leise, was ihr fehle, da ruft die Gnädige mit recht
clairvoyanter Grobheit: ›Fort! Hinaus! – Es ist ein
Ungeweihter in's Zimmer getreten, dessen Seele befleckt
und sinnlich ist, treibt den unreinen Geist hinaus oder ich
sterbe!‹ – Verdammte Affaire! Alles sieht mich drohend
an, und ich stehe da, wie ein gescholtener Schulbube.
›Nun, was warten Sie noch – fort, entfernen Sie sich!‹ –
rief jetzt der Allergnädigste, und eine alte Dame gab mir
den Arm, um mich hinauszuführen. Hinter mir sah ich
zwei Kammerjungfern mit Rauchfässern in's Heiligthum
stürzen, und meine alte Führerin, nachdem sie mich in den
Vorsaal gebracht, ließ mich dastehen und verlor sich in die
blauen Wolken des Räucherpulvers hinein. O du alter
Kirchenstuhl, zürnte ich ihr nach, wandle nur immerhin in
deine Conferenz zurück, mich soll keine Herrlichkeit mehr
hineinlocken und wäre es selbst eine Pastete von lauter
Pfauenzungen! Seht doch – ich, ein unreiner Geist! – ich
möchte doch sehen, wie viel reiner Serenissimus, unser
Durchlauchtigster ist, oder Massiello und tausend andre,
die seit Adam's Fall noch nicht wieder aufgestanden sind.
Aber ich weiß schon, einmal habe ich leise, leise von
Fräulein Magdalenens ein klein wenig zu bedeutender
Nase gesprochen, flugs wurde ihr mein unreines Wesen in
seiner ganzen Abscheulichkeit klar.« Eduard mußte
lächeln bei diesem tragischen Bericht, obgleich seine
ganze Seele voll war von jenen Ereignissen, die er eben
vernommen; er hätte gerne noch diesen Abend den Fürsten

gesehen. Als beide auf die Straße kamen, tritt ihnen ein fürstlicher Läufer nach, und als er Eduarden erkennt, bringt er diesem die Einladung, sich sogleich in's Schloß zu verfügen. Was konnte Erwünschteres kommen; schleunig flog er nach Hause, wechselte seinen Anzug, und stieg, die breite Marmortreppe zu den Gemächern des Fürsten hinauf. Auf dem Portale sah ihm die wohlbekannte Statue der badenden Venus entgegen: »Also Du stehst noch hier, griechisches Göttermädchen,« rief er leise bei sich, »hat man dir nicht den Abschied gegeben, und weißt du nichts von dem, was drinnen geschieht?« – Er schritt leise über den Vorsaal und öffnete eine der hohen Thüren, sie ging geräuschlos auf, und die Teppiche, auf welche sein Fuß trat, ließen seine Gegenwart von den im Gemache befindlichen Personen durchaus nicht bemerken. Eine hohe Frauengestalt, die Eduard sogleich für die Fürstin erkannte, stand, den Rücken gegen ihn gekehrt, im Gespräche mit dem alten Gotthold vor einem Bilde. »Nein, nein,« rief die Prinzessin fast heftig, »ich begreife Sie durchaus nicht! Anfangs bei unserer Bekanntschaft schien es mir, als wenn Sie meine Ansicht theilten, und für die wahre Erkenntniß kein Uebel für so gefährlich hielten, als jene dumpfe blinde Frömmelei, die ich wahrhaft abgöttisch nennen möchte, weil sie den Menschen verführt, statt der klaren vernünftigen Idee vom göttlichen Wesen das trübe Abbild seines eigenen verfinsterten, durch Irrthum und Sinnlichkeit besteckten Innern zu halten. Wir sehen, in welche tiefe Verirrungen die Gemeine versank nach dem Tode des Grafen, wie sie, die

die reine Lehre Luthers noch geistiger und lebendiger auszubilden gedachte, dem niedrigsten Geiste der Erde anheimfiel! und nun höre ich mit Schreck, Sie reden und streiten in denselben Grundsätzen, die ich bis zum Tode verabscheuen werde.« – »Nicht also, Gnädigste,« rief der Maler, »Sie sind zu hart; wenn Sie mich zu den Frömmlern und Pietisten oder zu den Anhängern jener, mir ehrenwerthen Sekte rechnen, so sind Sie im Irrthum; daß ich aber zu der absoluten Verstandeskälte, in der Sie athmen, Gnädigste, nicht hinaufreichen kann und will, das gestehe ich gerne. Lieber will ich verführt werden durch ein Uebermaaß von Liebe, als durch gänzlichen Mangel derselben von jeder Möglichkeit des Falls geschützt dastehen.« »Mann!« rief die Fürstin mit einer unendlich weichen Stimme, »wer sagt Ihnen, daß ich nicht liebe; aber er, den ich liebe, ist ja die ewige Reinheit und Klarheit selbst, meine Liebe ist das schwache, aber unermüdliche Ringen, klar, hell und rein zu seyn nach seinem Bilde; aber wohl mag sie kalt erscheinen, diese Liebe, weil keine Erdenliebe sich zu ihr gesellt, denn was ich irdisch und sinnlich geliebt habe, hat sich mir als unwürdig ausgewiesen.« Sie schwieg und schien eine Rührung zu verbergen, dann fuhr sie fort, indem sie den Arm des Malers mit Heftigkeit faßte: »Stehen Sie mir bei, verlassen Sie mich nicht, theurer Mann! retten wir den unglücklichen Prinzen, noch ist's möglich – bald könnte es zu spät seyn.« Der Greis sah der hohen Frau ernst in's Antlitz: »Sie täuschen sich, Gnädigste! – Das Fräulein – die Baronesse –« »Nichts von ihnen,« rief die Fürstin

91

heftiger. Eduard glaubte bei längerem Verweilen bemerkt zu werden und zog sich, nachdenkend über das Vernommene, leise zurück. Die Klingel des Herzogs rief ihn den Corridor entlang, und als er sich dem Gemach näherte, trat ihm der Prinz schon entgegen.

»Willkommen, Freund,« rief der Gnädige freundlich – »mir ist's lieb, daß Sie auf dem Lande gewesen, und so die Quellen der Einfachheit und Natur gesucht, vielleicht folge ich bald Ihrem Beispiel, – der Frühling naht mit großen Schritten.« Eduard bemerkte in des Fürsten Aeußerem eine Veränderung, die ihm auffiel, das Haar war schlichter gekämmt, die Kleidung einfacher, und an den Wänden des Gemachs fehlten einige Gemälde von Rubens und Jordone, statt dessen hing ein kleines Bildchen da, von dem man nicht sagen konnte, was es darstellte. Der Fürst bemerkte den fragenden Blick des Jünglings und sagte flüchtig: »Die Gemälde habe ich fortgeschickt, weil jetzt häufig Damen meine Zimmer besuchen, und man dem schwachen, noch nicht genug künstlerisch gebildeten Geschlechte kein Aergerniß geben soll; – doch junger Mann,« fuhr er fort, »was hab ich hören müssen, Sie haben eine Braut und vernachlässigen das Mädchen – Sie sollen sogar, was ich nicht glauben will, der Gräfin Eva den Hof machen; theurer Freund – wenn das wahr wäre! und Sie könnten auf diesem Wege uns verloren gehen, ich selbst würde mir die bittersten Vorwürfe machen, Sie nicht väterlich gewarnt und zum Heile zurückgewiesen zu haben.« Eduard erröthete vor Unwillen und Beschämung. »Sollte Robert vielleicht Eure Durchlaucht« – »Reden Sie

92

mir nicht von diesem Unwürdigen,« rief der Fürst und sein Auge blitzte zürnend; »sein Name, wie sein Fuß kommt nie wieder über diese Schwelle, er ist ein verlorener Mensch, hüten Sie sich vor seinem Umgange. Nicht allein, daß er auf das Gewissenloseste eine Menge armer betrogener Mädchen seinem Rausche geopfert, die Unglücklichen in zeitliches und ewiges Verderben gestürzt hat, er mordete auch rücksichtslos die Ehre von Männern, die die Welt achtet und die meine Liebe besessen haben. Er ist so tief gesunken, daß ich ihn einer öffentlichen Beschimpfung, der er nur zu nahe war, mit Mühe entrissen habe, und Undank ist stets mein Lohn gewesen. So gefährlich, mein Freund, sind die glänzenden Eigenschaften, die unser Auge bestechen und das Herz zugleich einer schmerzlichen Enttäuschung entgegen führen. Hier lesen Sie einen Zettel, in dem er beiläufig auch sein Urtheil über Sie ausgesprochen hat.«

Eduard empfing das Papier und steckte es zerstreut zu sich; er war durch all das Gehörte und Gesehene so befangen gemacht, daß ihm kaum Achtsamkeit genug übrig blieb, um die Baronesse und das Fräulein, die eben eintraten, zu begrüßen. Der Fürst ging auf die Eintretenden zu und beugte sich über Magdalenens Hand, diese lispelte aber: »Keinen Kuß, Prinz, Sie wissen, daß ich solches nicht liebe, ein Händedruck genügt mir, wovon Sie schon heute in –« »Sie schauen in meine Seele, wunderbares Mädchen,« sagte der Fürst leise, »brauche ich noch zu antworten?« – Das Fräulein schüttelte wie zürnend das Haupt, dann weilten aber ihre großen blauen Augen fragend auf dem Jüngling, der, immer noch heftige Röthe im Gesicht, stumm vor sich hinsah. Der Fürst faßte ihn an der Hand und stellte ihn nochmals den beiden Damen vor; es wurden einige gleichgültige Worte gewechselt, und Eduard fühlte sich wieder leicht, als er, die Treppe herabsteigend, die Gasse betrat. Sein Busen war zu voll, er mußte die Einsamkeit suchen, um mit der Welt zu grollen. Vor allen war ihm der Fürst ordentlich recht verhaßt. Kann man, rief er bei sich, wohl den Glauben und die Erkenntniß wie eine Schlafmütze über die Ohren ziehen, wenn einem der durch Jugendsünden nackt gewordene Scheitel zu frieren anfängt? Fratze über Fratze! Und was soll der Vorwurf rücksichtlich Emiliens – hat sie über mich geklagt oder hat es der Vater gethan? Wie schwächlich und elend, wie kleinbürgerlich und alttugendhaft; will man mich durch Ruthen an die Schulbank zurückzwängen? Freiheit und Selbstständigkeit sind die athemholenden Lungen des geistigen Lebens, soll ich mit Schwindsüchtigen umgehen, um selbst schwindsüchtig zu werden?

Aus diesen Gedunken schreckte ihn plötzlich ein Gelächter, das neben ihm erscholl; er hörte, daß über seinen Regenschirm gespottet wurde, und eine Stimme rief: »Geben Sie Acht, wenn diese tropfende Glockenhaube sich hebt, so schaut gewiß das sehr ehrwürdige Antlitz des Vikar von Wakefield uns entgegen.« Eduard glaubte die Stimme zu erkennen, hob seinen allerdings etwas baufälligen Schirm, und erblickte an dem halbgeöffneten Fensterchen die Gräfin Eva mit

Jokonden. Ueber die beiden Mädchen sah Massiello's lächelndes Antlitz hervor. »O, ein guter Freund!« riefen jetzt die drei Stimmen, und Eduard mußte sich selbst fragen, wie er denn an das einsame Fischerhäuschen gekommen sey. Träumerisch, wie er den ganzen Weg gemacht, kehrte er auch jetzt ein, und wurde von den Dreien mit herzlichem Jubel empfangen. Jokonde war schöner wie jemals, das Gefühl ihrer verlassenen Lage warf über ihre kindische Heiterkeit einen leichten Schleier von Melancholie, der die Seele ersetzte, und sie unendlich liebenswürdig kleidete. Beide Freundinnen hatten auf Anstiften Eva's sich streng bereitete Fastenspeisen zurichten lassen; für die Ungläubigen oder Schwergläubigen stand ein zweites Tischchen bereit mit leckern Speisen von allerlei Art, und Massiello hatte schon Platz daran genommen und bereits einige Flaschen entsiegelt. Wegen Eduard entstand der Streit, zu welchem Tisch er gehöre. Die Mädchen wollten ihn durchaus auf ihrer Seite und auf Seite der Religion haben, Massiello zeigte dagegen nur auf die Flaschen und öffnete mit kluger Weltlockung die Schüssel mit einer dampfenden Pastete. Jokonde stand auf, und präsentirte in unendlich anmuthiger Haltung als Herodias den Kopf ihres ungewöhnlich großen Fastenhechts, Gräfin Eva versicherte aber vollen Ernstes, daß hier durchaus nicht zu spaßen sey, und sie wolle Eduarden nimmermehr freundlich ansehen, wenn er zu der Pastete überliefe. Dieses entschied und der Jüngling wurde von den muthwilligen Mädchen im Triumph zu der Fischtafel gebracht. In dem Augenblicke ging die Thüre leise auf und ein volles rothes Gesicht ward hineingesteckt. »Aha, ha! ha! schrieen alle, *Signore Abbato, carissimo padre – bona seria, bona seria!*« – Der Abt war jetzt mit einer geschwinden Bewegung im Gemach, und seine Lippen ruhten zu gleicher Zeit auf beiden zarten Händchen der Mädchen. Drei schimmernde Astrallampen wurden hereingebracht, und die kleine Gesellschaft trieb sich in glänzender Helle unter Küssen und Lachen bunt durcheinander. Den Abt gaben beide Mädchen sogleich für die Sache der Religion verloren, er erhielt einen Stuhl neben Massiello, und Eva versicherte ihm, daß er zu ihrem Vereine eben so wenig gehöre, wie ein gebratener Kapaunflügel in ein Bouquet weißer Rosen. – Massiello hatte den Kapaunflügel gefaßt und ihn drohend erhoben, ein Theil des Tischtuches floß über seine Gestalt wie ein Mantel nieder, indem er den Stuhl bestiegen hatte und mit donnernder Stimme seine Fastenpredigt anhub: »O ihr Gottlosen, ist's nicht genug, daß eure Passionszeit dauert, so lange ihr jung und hübsch seyd, wollt ihr nicht zuweilen im Alter noch Passionen haben, die Niemand erwiedern kann? Wohl nehmt ihr euer Kreuz auf euch und schleppt es, aber nur, wenn es modern gefaßt ist, *à quatre couleurs,* und wenn es schwer von Gold ist. O Himmel – noch heutzutage laßt ihr euch steinigen, aber nur mit ächten, nicht mit böhmischen Steinen. Vigilien und Nachtwachen zu halten, ist euch was Leichtes, nämlich wenn die Gesellschaft gut, der Tanz lebhaft, das Soupé auserlesen, und der Punsch nur einigermaßen erträglich ist. Noch heute kleidet ihr die Nackenden, nämlich wenn diese schön gewachsen sind, und wer anklopfet, dem thut ihr auf, wenn es nur nicht der Ehemann ist!«

Der Abt lachte laut und schallend, Jokonde aber ergriff die Rose, die dem gekochten Hechtkopf im Munde steckte und warf sie über beide Tische herüber in Massiello's blitzende Augen, indeß Eva ihr Haupt andächtig über die gefalteten Hände hinabneigte, und unter den überstürzenden schwarzen Locken hervorseufzte: »*Pax nobiscum Domine.*« Der Abt trug eine ganze Schüssel von Zuckerwerk zum Pianoforte, um unter dem Spielen zu naschen und unter dem Naschen zu spielen, indem er behauptete, die kränkliche Süßigkeit der Töne könne nur durch die gesunde der Kuchen aufgehoben werden. Eduard's Seele trieb und blühte in einem fieberischen Ungestümm, er glaubte die Schätze der Jugend und Lust nicht theuer genug von der gegenwärtigen Minute kaufen zu müssen; die beiden Mädchen nahmen ihn in ihrer Mitte auf, und um ihn, über ihn schlangen sich die Blumenketten ihrer Scherze und Küsse, flogen die glänzenden Feuerbälle des Muthwillens, stöberten die kalten, spitzen Flocken der Neckerei, und auf seinen offenen Busen fielen und brannten die langen glühenden Balsamtropfen der Sehnsucht. Er fühlte sich durch und durch krank, doch wie ein fallendes Herbstblatt, nur um desto glänzender gefärbt. Jokonde sagte ihm tausend hübsche Dinge über seine Augen, und er ihr seltsam verworrene Ansichten über Weiber und Leben, die sie belachte, weil sie sie nicht verstand. Der Abt spielte die Ouvertüre aus dem Don Juan, zwischendurch tönten die Klagen Elvirens, die Drohungen Don Antonio's, – die ganze antike Schmerzensfülle der Anna, über alle herüber warf ein jäh auffahrender Glanz seine Strahlenkronen, Don Juan tändelte, Leporello machte seine Possen; dann drohten einzelne Laute und zuckten wie mattlaufende Blitze am Horizont nieder, der Donner rollte ihnen nach und es erklang die Stimme des ersten Mahners aus der Tiefe; wilde gellend atheistische Töne flatterten ihm entgegen und fielen zerquetscht an der marmornen Brust nieder, ein rother breiter Glanz schloß Himmel und Hölle plötzlich. Eduard und Jokonde verständigten sich über die Göttlichkeit des Gedichts durch einen Kuß. Massiello war beschäftigt, einem jungen Mädchen, das erschienen war und sich stumm in eine Ecke drückte, einige Rede abzugewinnen. Die Gräfin Eva sprang auf und rief: »Ah, da ist meine Aimée; hier, meine Herrn, stelle ich Ihnen meine Nichte vor, nicht wahr, ein nicht ganz übles Geschöpf?« Sie fuhr dem Mädchen, das immer stärker erröthete, unter's Kinn und hob den Lockenkopf; der Abt und Eduard sagten einige Artigkeiten, Massiello rang nach einem Kuß hinter dem Rücken der Gräfin, und versicherte, die vollen weichen Lippen, die frischen Zähne seyen unendlich reizend, vor allen aber dieser wilde finstere Unwillen, der aus den Augen spräche, der rothe Zorn, der die gewölbte Wange färbe. Man entschloß sich, eine vollständige Musik aufzuführen, die Gräfin ließ; sich ihre Harfe geben, Massiello stimmte, Notenblätter wurden hin- und hergeschleppt, der Abt zankte und die Dienerinnen hatten vollauf zu thun, die Reste der Mahlzeit hinwegzuschaffen, und statt deren Blumen und Früchte auf die Tische zu setzen. Unser Freund zog Jokonden sanft bittend nach sich, und die Gefällige entschloß sich, ihm zu einem Bildchen zu sitzen, das er schon lange angefangen, und das das reizende Mädchen als Cleopatra darstellte, mit der Schlange an der Brust. Die Idee war vom Herzog ausgegangen, doch hatte dieser sich weiter nicht um die Ausführung bekümmert, und jetzt wäre ihm der ganze Gedanke wahrscheinlich verwerflich vorgekommen. Ein Kabinet wurde ausgewählt, die Lampe zurechtgeschoben, Jokonde hatte mit Hülfe von ein paar Tüchern eine graziöse Drapperie hervorgebracht, welche sie mit ihrer gewöhnlichen Anmuth und Geschicklichkeit ordnete. Jetzt war sie fertig und warf sich in die Ecke des Sopha's. Als Eduard darauf drang, einen Theil des schönen Busens frei zu sehen, gab sie nach, verhüllte sich aber augenblicklich wieder, als Jemand in's Zimmer trat; Eduard sah sich um und entdeckte das junge Mädchen, das schüchtern eingetreten war, und glühende Blicke auf Jokonden richtete. Sie verschwand wieder und die Liebenden blieben allein. Die rauschenden Ströme der Musik ergossen sich indeß im Vorgemach, doch bald trat Stille ein; der Abt behauptete, Massiello mit Eva begingen Fehler auf Fehler, die Gräfin lachte, der Musiker gab nichts zu; von Worten ging es auf Töne über, jeder Theil griff zu seinem Instrument und führte den Streit fort. Ein wildbrausender Sturm erscholl, zwischendurch gellte ein helles Harfencapriccio, dann lachten alle zu gleicher Zeit auf, und der Abt warf die Noten zusammen. »Es geht heute nicht,« rief Massiello, »die Noten behaupten ihre Sinn, wie alle Leute von Kopf.« Man wollte sich trennen, als ein fürchterlicher Schrei aus dem Nebenzimmer hervorbrach; alle fuhren entsetzt zusammen, zu gleicher Zeit ward die Thüre aufgerissen und Aimée sprang heraus. Sie hatte ein Messer in der Hand, ihre Augen funkelten und an dem weißen Gewande brannten Blutspuren. »Alle Götter!« schrie der Abt, »was gibt's da!« – Man stürzte in's Zimmer – der Tisch mit dem Zeichengeräth lag umgeworfen mitten im Gemach – Jokonde ruhte auf dem Sopha, Hals, Arme und Kleid in Blut getaucht. Eva war auf den Teppich hingesunken und rang die Hände; in dem Moment trat Eduard hinein, und zerrte das seltsame entsprungene Mädchen am Arme nach sich. Als er den Schreck der Freunde sah, rief er: »Nur keine Besorgniß, Ihr Lieben, der Vorfall ist höchst unbedeutend, was Ihr dort seht, ist nicht Blut, sondern blos rother Wein, mir aber hat der bösartige Knabe eine leichte Verwundung am Arme beigebracht.« – »Knabe?!« rief Massiello, und aller Blicke richteten sich auf den Gefangenen, der sich jetzt von Eduard's Arm losmachte, in die Ecke eilte, den dort stehenden Degen ergriff, und, mit der andern Hand in Geschwindigkeit den Frauenrock abstreifend, nun in seinen Pagenbeinkleidern dastand. Mit einem vor Zorn leichenblassen Gesicht und zitternden Lippen stammelte er, indem er sich trotzig in die Mitte des Gemachs hinstellte: »Nun ja, was seht Ihr mich an? – ich gehöre nicht zum lumpigen Weibsgesindel! ich bin ein Mann und

Kavalier, wie der da, und habe meinen Degen, wie jeder ehrliche Junge, dem man zu nahe tritt.« Halbentkleidet, wie er da stand, den vollen Lockenkopf schüttelnd, im blassen Antlitz die rollenden schwarzen Augen, die brennend rothen Lippen und blitzenden Zähne; er sah einem jungen zürnenden Apoll ähnlich. Massiello eilte auf ihn zu und schloß; ihn in seine Arme, Enzio aber riß sich los und kniete vor der noch immer leblos daliegenden Jokonde; indem er sein Haupt an ihre Knie drückte, schluchzte er so heftig, daß die Betäubte erwachte, und mit einem Angstruf vom Ruhebette sprang und Eduarden zueilte. »Bringt den Wahnsinnigen fort,« kreischte sie, »er wird ihn und mich morden!« – »Ich werde nicht,« rief der Knabe, »Ihr seyd vor mir ganz sicher, Mademoiselle Jokonde; liebt immerhin wen und wie Ihr wollt, für Euch mag ich wohl noch zu jung und unbedeutend seyn, da will ich warten bis ich das Offizierspatent in der Tasche habe.« Er entfernte sich mit diesen Worten, ohne die Gesellschaft eines Grusses zu würdigen; im Vorzimmer fand er seine Jacke, die er anzog, den Mantel überwarf, und so hörte man ihn den Gang entlang in der Finsterniß kappen. Eduards Wunde brannte ziemlich heftig, Jokonde lag weinend im Arme der Gräfin, die Männer trennten sich und ein jeder schlich verstimmt und unangenehm berührt nach Hause.

Eduard kam, innerlich auf das heftigste zerrüttet, in sein Zimmer; er errieth nur zu schnell den Zusammenhang des ganzen Vorfalls und den Grund von Enzio's Zorn. Er verabscheute Jokonde und Eva, daß sie sich einem Knaben

hingeben konnten, seine eigene Leidenschaft erschien ihm im schwärzesten Lichte, das Gewissen preßte ihn von neuem wegen des Treubruchs an Emilien. Er nahm sich vor, nie mehr die Schwelle des Fischerhäuschens zu betreten. Der Diener erschien, um ihn zu entkleiden, als der Rock behutsam abgezogen wurde, fiel ein Blättchen zur Erde, welches Eduard sogleich für das vom Herzoge ihm eingehändigte Schreiben Roberts erkannte; er ließ es sich geben und las folgende Zeilen: »Ihr deutet an, Prinz, daß unser Verhältniß sich lösen könne, ich möchte Euch versichern, daß es nie bestanden; Ihr sucht bei mir jene schwächlichen Tugenden, die charakterlose Menschen aneinanderknüpfen, die besitze ich nicht und meine großen Eigenschaften fangen an in Euren Augen als Laster zu erscheinen! immerhin, ich forme mein Inneres nicht nach dem Urtheil der Menschen. Ihr fabelt von Verführung und stellt mir das Bild des jungen Eduards vor – was soll ich damit? der Mensch ist mir immer gleichgültig gewesen, er war eine kurze Zeit meine Puppe, mit der ich spielte; macht er Ansprüche auf mich, so lasse ich ihn fallen, denn meine Freiheit soll Niemand beeinträchtigen.«
Eduards Wunde brannte heftig, als er diese Worte las; er fühlte in diesem Moment die Bande losgerissen, so heftig tobte das unruhige Blut, dann legte sich eine beängstigende Kälte auf Stirn und Brust, er fühlte sich einer Ohnmacht nahe und stützte sich an's Bette, indeß die Wunde neu umbunden wurde. Jezt tönten Schritte im Vorzimmer, die Thüre flog auf und Robert stand vor dem tief Beleidigten. Die Stimmung beider Jünglinge drängte

zu einem furchtbaren, entscheidenden Moment. Eduard zeigte den Brief vor, Robert entschuldigte sich nur halb, antwortete kalt und verächtlich – Eduards Fieberhitze ward zur Flamme, er griff mit dem rechten gesunden Arm zum Degen, Robert stellte sich ihm ruhig gegenüber und der Kampf begann. Robert, empfing eine Verwundung an der Seite, Eduard, kaum dies gewahrend, warf sich ihm mit Thränen an die Brust; doch in demselben Moment schwanden seine Sinne und Finsterniß umhüllte das Auge. – Als er wieder erwachte, fand er sich allein im Zimmer; im Nebengemach lag der Diener eingeschlummert im Sessel, die Lichter waren tief herabgebrannt, und der aufdämmernde Morgen lag mit farblosem Grau hinter den niedergelassenen Fenstervorhängen.

So war durch eine rasche Handlung, durch Blut, Entsetzen, tiefe Erniedrigung der trügerische Himmel, in dem unser Freund so lange herumgeirrt war, plötzlich geschlossen; Massiello's Fastenpredigt tönte in seinen Ohren, Jokondens Küsse drückten noch seine Lippen, Roberts Herzblut klebte an seiner Weste, doch alle diese Zeichen und Erinnerungen dünkten ihn durch eine weite Kluft von der gegenwärtigen Minute geschieden. Die Stille und Abgeschiedenheit, in der er sich jezt durch seine Krankheit versetzt sah, lähmte jede Wirksamkeit nach außen, und er hätte Zeit und Gelegenheit genug gehabt, seine frühern Irrthümer zu bereuen, wenn seine Seele noch mit jener frischen jugendlichen Spannkraft begabt gewesen wäre, die einen großen Entschluß faßt und ausführt; je mehr er strebte, Klarheit und Gewißheit zu erlangen, desto gewaltiger bemächtigte sich seiner die innere Verworrenheit. Bald entschloß er sich Emilien aufzusuchen, durch ein offenherziges Bekenntniß seiner Schuld sein Loos in ihre Hände zu legen, bald schreckte ihn wieder der Gedanke ab, daß sie es war, die mit ihrem Vater und dem Fürsten vereint dahin strebte, seine Freiheit zu beeinträchtigen. In diesem Augenblick sah er die Unwürdigkeit derer ein, mit denen er bis jezt Umgang geflogen, im nächsten Moment erschienen ihm dieselben Personen höchst liebenswürdig, und nur sein eigenes Selbst fand er zu verdammen, indem die Schwäche ihn zu Mißbrauch und Verirrung hingezogen. Die Wissenschaft und ihre Schätze erschienen im ebenfalls in einem zweifelhaften Lichte; die rege Lebenskraft, die, wenn sie gesund ist, mir ihrem Athem jedes Verhältnis, alles Wissen mit Wärme und Lust füllt, war in seinem Busen gebrochen, und Zweifel und Kälte waren eingetreten. So lag er oft Nächte lang auf seinem Lager, und sah mit unermüdetem Geiste eine Fläche vor sich, die, in Nebel gehüllt, sich in eine unbestimmte Ferne zu verlieren schien. In dieser Stimmung traf ihn ein Besuch, den er nicht erwarten konnte. Eines Abends, als er aus einem unruhigen Schlummer erwachte, stand der Graf Eberhard vor ihm, der zur Ursache seines Kommens die Besorgniß um seine Gesundheit anführte. Eduard hatte ihn über die mancherlei Begebenheiten fast ganz vergessen; auch in den Zimmern des Herzogs war der Graf, als die Abendgesellschaften anfingen, nicht erschienen, und so war die Meinung natürlich, daß er die Stadt verlassen habe. Jezt, da er so unvermuthet erschien, da die lange, dürre, in Schwarz gekleidete Gestalt vor dem Ruhebette des Jünglings stand, erwachte bei diesem plötzlich das Bild jenes Abends im Fischerhäuschen, wo er den wunderbaren Mann zum erstenmal gesehen. Er besann sich, daß Jokonde ihn versichert hatte, daß sie den unüberwindlichsten Abscheu gegen den Seltsamen fühle, ja, daß er ihr oft in seiner starren, gebietenden Größe, in der Unbeugsamkeit seiner steinernen Gesichtszüge vorkomme, als könne er niemand Anders wie der ewige Jude seyn. Ein leiser Schauder überflog ihn, als jezt der Graf seine Hand faßte und sie eine Zeitlang in der eiskalten Rechte ruhen ließ. »Wir haben uns lange nicht gesehen,« rief er dann; »Sie haben indeß Erfahrungen gemacht, und jede derselben ist schon ein Schritt näher zu mir.« – »Zum Tode« – entgegnete Eduard in einer sonderbaren Spannung.

»Vielleicht ist das gleichbedeutend,« fuhr der Graf fort und lächelte wie über einen besondern Einfall, dem er selbst mit Vergnügen länger nachdachte – »allein dieser Tod ist das Leben und die Freiheit, obgleich ein verblendeter Hause ihn die tiefste Knechtschaft nennt; doch wir werden nicht mit Worten spielen, die Sache bleibt wahr, so sehr sich auch unsere Eitelkeit dagegen sträubt. Nichts Elenderes gibt es, als den Glauben, wir könnten etwas Großes leisten, etwas Edles und Erhabenes darstellen. Wir wollen Bürger des Himmels seyn und sind Sklaven des bewegten Nervs, der jede Minute anders erzittert. Eine reichlichere, schmackhaftere Tafel verrückt die Ansicht der Dinge um ein Ungeheures, und der Kuß eines schönen Mädchens hilft den Himmel anders bauen. Wenn es uns der Körper nicht sagte, daß das Verbrennen schmerze, so hätten Millionen Menschen nie eine Hölle gefürchtet, und die Dichters hätten den Gegensatz derselben, den Himmel, nicht erdichten können. Das Grundübel der Welt liegt im Daseyn streitender Gegensätze; gelingt es uns, diesen Streit zu lösen, so sind wir geheilt, denn nur da herrscht Ordnung, Ruhe, Gesundheit, wo kein Widerspruch sich zeigt, je höher der Widerspruch wächst, desto kränker ist der Mensch, desto kränker ein ganzes Volk. Tritt der Mensch freiwillig in seine Schranken zurück, ist er im vollen Begriff des Worts gesundsinnlich, so hört augenblicklich der schreiende Mißton in ihm auf, und er ist weder Betrüger, noch Betrogener mehr und alle jene Weltverbesserungs-Anstalten fallen von selbst weg.«

»Mich schwindelt vor einer solchen Ansicht,« rief Eduard. »Weil Sie noch nicht zur Gesundheit sich durchgerungen haben,« versetzte der Graf; »ich habe es und befinde mich ganz wohl. Ehe man von einem Thron herabsteigt, dessen Flitter uns blendeten, kostet es manchen Kampf. Die Geschichte aller Religionen ist eine Geschichte der Krankheiten des menschlichen Geistes. Besuchen Sie die Lehrsäle der Philosophen, saugen Sie an dem Marke alter und neuer Weisheit, lassen Sie sich in dunkeln gothischen Hallen, in griechischen Tempeln, in jüdischen Sinagogen, in türkischen Moscheen das unverständliche Etwas predigen, das die Menschenköpfe verrückt macht, welches das menschliche Fleisch vergiftet hat von Anbeginn an, das den Wahnsinn auf die Erde gerufen und alle Kammern des Elends und Gräuels geöffnet hat.«

Eduards Wunde brannte heftig, der Graf brach das Gespräch kurz ab; bald darauf entfernte er sich. Es vergingen einige Tage, ehe er wieder kam. Er sprach von seiner nahen Reise und gab zu verstehen, daß er es gerne sehe, wenn Eduard ihn begleitete. Unmittelbar berührte er nie wieder jene zuerst geäußerten Grundsätze, doch blickten sie bei jedem Gespräche durch, so mild und anscheinend verträglich es auch geführt wurde. »Wenn ich von Kunst spreche,« sagte er eines Tages, »so habe ich immer nur die griechische im Sinn; sie allein ist es, die unverhohlen dem Menschen dient, nicht einem Gespenste. Wenn ich die Reize eines schönen Jünglings, eines vollen Mädchens sehe, so habe ich da etwas Wirkliches; der lachende Faun, der drohende Zeus, wer verstände sie nicht? wer labte sich nicht an der schönen frei ausgesprochenen Form; das Colorit des Titian ist ebenfalls wirklich – gesund, doch ein Bildchen von Fiesole ist eine Krankheit, mit Pinsel und Farbe beschrieben. Poesie und Musik dulden ebenfalls kein anderes Element, als die Sinnlichkeit, wenn sie sich nicht in ein Nichts auflösen sollen. Die meisten Legenden sind unter den Händen ihrer Bearbeiter Liebesgeschichten geworden, wo der Heilige den Liebhaber, die Heilige die Geliebte spielt. Die Rigoristen, die Bilder und Lieder verbannen wollen, fallen in noch gröbere Verirrungen.«

Eines Tages holte der Graf ein Buch aus der Tasche, es waren Wilhelm Meisters Lehrjahre. »Ein sonderbares Buch,« rief er, »da ist nun ein Mensch, der durch das Leben geht, ohne sich um das Schwarz und Weiß zu kümmern, mit welchen wir alle Dinge um uns bemalen.« Eduard meinte, daß das Buch geschrieben sey, um die Bühnenkunst auf eine höhere Stufe zu heben; der Graf lächelte und kam mit einer Wendung wieder auf seine eigenthümlichen Meinungen und Ansichten zurück. »Dieses und ähnliche Bücher,« sagte er, »sind mir lebende Zeugnisse, daß eine gesunde sinnliche Entfaltung das Höchste in der Poesie leistet. Den Tumult der Leidenschaften, das rothe Pulsiren eines heißen Herzens, das lechzende Verlangen sinnlicher Glut, und das höhnende Gespött über die Anmaßungen des Geistes, das ist der heftige Lebensathem, der die Brust der Götheschen Muse schwillt; nirgends Krankheit, überall Muskelfülle eines Laokoon und süßer Aphroditenreiz.«

Eduard wandte kleinlaut ein, daß eine solche Ansicht ihm gefährlich schiene, indem dadurch der Unterschied zwischen Recht und Unrecht, Tugend und Sünde sich verdunkle. Der Graf rief dazwischen: »Es gibt keine Sünde, wie es keine Tugend gibt. Nennen wir den Orkan, der Bäume entwurzelt und Felsen erschüttert, Sünde? er ist ein und dasselbe, mit dem Frühlingsgesäusel – eine Naturkraft, eine bloße Erscheinung; nur unsere kurzsichtigen Begriffe nennen das Eine verderblich, das Andere beglückend. Ein durch sinnlichen Uebergenuß sich hinrichtender Mensch, ist mir nichts als eine Erscheinung;

ich tadle oder lobe ihn eben so wenig, als ich einen Baum lobe oder tadle, der durch Blüthenfülle hinwelkt. Sonnenschein, früher Regen, zu fetter Boden waren die Ursache seines Falls, dagegen gibt es Tausende, die anders gestellt, günstigere Strahlen saugen; aber ich bedaure das arme krüppelhafte Gewächs, das ein Ziergärtner frühe in ein trocknes Gerippe einsperrte. Es wird eine Zeit kommen, wo alle Religionen, alle Philosopheme in den Staub sinken und die Menschen, von aller Krankheit, von allem Elend genesen, wieder nackend in die ewigen Quellen des Paradieses tauchen.«

Nach einer Weile setzte der Graf hinzu: »Da ist nun der Herzog; anstatt sich gesund auszubilden, wie er Anfangs versprach, nährt er den geheimen Schaden und jetzt ist die Krankheit da. Schade um die schönen Anlagen. Mit einem am Felsen angeschlossenen Prometheus, der mit seinen Ketten gen Himmel zürnt, kann ich Mitleid haben, nicht aber mit einem Knaben, der aus Furcht vor der Ruthe auf die Worte seines läppischen Lehrers schwört.«

Eduards Krankheit brach immer dergleichen Gespräche ab, doch ließ der Graf es sich nicht nehmen, täglich am Lager des Jünglings zu erscheinen, ja er wachte sogar Nächte hindurch und horchte den Fieberphantasien. Oefters zog er ein Manuscript aus der Tasche und las die Geschichte seines Lebens, die sich in finstern Bildern um das Kloster in den Apenninen bewegte. Einst entschlief unser Freund, und ein seltsamer Traum neigte sich auf ihn herab. Wie aus weiter Ferne tönte ein altes vergessenes Wiegenliedchen, das er seine verstorbene. Mutter singen gehört zu haben sich erinnerte. Die Töne rannen wunderbar in ein Bild zusammen und er sah sich selbst in der Kinderstube, wo er aufgewachsen, wieder; eine Gestalt saß abgekehrt von ihm am Fenster: am Band der Haube, am Contour der Wange erkannte er seine Mutter. Ein Schauer der Rührung befiel ihn, es trieb ihn, das Antlitz zu sehen, aus dessen süßen Liebesaugen sich einst der Himmel in seiner Brust entzündet hatte; doch ein inneres Grauen, dessen Grund er sich nicht erklären konnte, bannte ihn fest an seinen Sitz. Er betrachtete einen Tisch vor sich; er lag voll Spielzeug, wohlbekannte Püppchen, doch die Vergoldung an den Soldaten war matt geworden und ein dicker Staub lag auf jedem Dinge. In seinem Herzen brachen die Knospen der ersten Jugend auf, seine Seele trank jene frühe Unschuld und Engelsfreudigkeit, die Töne der Wiegenlieder drangen mit Ungestüm in seine Brust, und weiteten mit kühlendem Flügelschlage sein Inneres aus. Vergnügt schob er jetzt die Sachen zusammen, und sie in eine bunte Reihe ordnend, konnte sein Auge sich nicht satt sehen an dem bunten Schmucke der Puppen. Sie alle waren ihm bekannt, er wußte den Namen einer jeden, doch während er sie, eine nach der andern, aus dem Kästchen hervorholte, rieß sich sein Finger von ungefähr an ein hervorragendes Nägelchen, das Blut tropfte heftig, und befleckte die zarten Gestalten. Wie er im Schmerze nun die Puppen von sich warf, bemerkte er, wie jedes Figürchen auf dem Boden sich krampfhaft herumwand, wie sie immer größer wuchsen, und endlich ihn und seinen Stuhl umringten, indem sie die bleichen, verzerrten

Gesichter über seine Schulter senkten. Es waren Robert, Massiello, der Herzog, der Abt, Jokonde und Eva, auch Enzio und der alte Fleackwouth fehlten nicht, doch allen klebte ein schwarzer, riesiger Blutstropfe im Gesicht und an der Kleidung. Ein ungeheures Entsetzen erfaßte den Armen; er fühlte, wie er zum Spotte dasitze am Kindertischchen als siebenundzwanzigjähriger Jüngling, er schrie laut auf, und rief den Namen seiner Mutter; da – o, es war schrecklich – zitterte das Bild am Fenster, wie ein wankender Schatten, den die Laterne eines Vorübergehenden auf die Wand eines gegenüberstehenden Hauses wirft, das Antlitz wandte sich langsam um und Eduard erkannte ein seltsames fremdes Gesicht. Die Haube war verschwunden, statt ihrer zog sich ein weißes Tuch halb über die Stirne, und eine Seitenlocke, die sich gelöst, hing auf den Hals herab. Die Gestalt hob die Arme, als wollte sie den Jüngling zu sich winken, ein ernstes Lächeln lag wie ein schwindender Glanz auf den stolzen Zügen. Mit Gewalt wollte er zu ihr, da fühlte er seine Hand gefaßt von einer kalten Berührung, zugleich schob ein voller Mädchenarm über die Schulter ihn ein Billet in den Busen. Ein stechender Schmerz stieg wie ein Mißton in die feinsten Nervengänge seines Gehirns hinauf, er fühlte, wie die Mädchengestalt sich über ihn beugte und ihre Lippen seine offene Brust glühend berührten. Er erwachte, die Wunde auf der Brust war aufgesprungen, der Graf saß an seinem Lager und hielt die Rechte des Kranken gefaßt. »Wo ist meine Mutter!« schrie dieser und warf den irren Blick in das dämmernde Gemach – »wo ist sie! sie hat mir etwas sagen wollen.« Der Graf beugte sich über ihn, er hatte den Zustand der Wunde bemerkt, und indem er die Tücher neu ordnete, fiel ein zusammengefaltetes Papier ihm in die Hände, Eduard griff darnach; »ich weiß,« rief er, »eine Gestalt, die mir bekannt schien, hat es mir eben in den Busen gesteckt.« Der Graf sah ihn mit großen Augen an – »Sie träumen noch,« rief er, »es ist Niemand im Zimmer gewesen als ich, und ich gebe Ihnen mein Ehrenwort, daß ich nichts von diesem Papier weiß.« Eduard hatte es entfaltet und las die Worte mit einer zierlichen Hand geschrieben: »Ueberdruß, Kälte und Verachtung umklammern ein Herz, das für Liebe, Freiheit und Tugend geschaffen ward! O wenn Du mir folgtest, Jüngling!« – In Eduards Kopfe vermischte sich Traum und Wirklichkeit, mit dumpfer Beharrlichkeit dachte er den räthselhaften Gestalten nach, ohne zu einem Resultat kommen zu können, bis er endlich erschöpft in die Polster seines Lagers zurücksank; der Graf ergriff jene Zeilen, die der Hand des Erschöpften entglitten, und rief, nachdem er sie flüchtig durchlaufen: »Nun wahrlich, haßte ich nicht ohnedies alles Geheimnißvolle, so würde ich mich dennoch schämen, der Beförderer solcher Gemeinplätze und abgeschmackter Phrasen zu seyn. Wo dergleichen Thorheiten beginnen, hört sogleich alle gesunde Vernunft auf. Lassen wir den Spuck, junger Freund, wahrscheinlich hat ein verschmitzter Bote, von irgend einem schönen Kinde gesandt, Mittel gefunden, das läppische Geheimniß Euch unvermerkt aufs Lager zu schleudern.« Eduard antwortete nicht, sein inneres Auge war auf die Gebilde des Traums geheftet, besonders auf die Gestalt, die seine Mutter vorstellte und dennoch nicht war. Er hätte weinen mögen, als er leise jenes alte Jugendlied vor sich hinsang, und nur die Gegenwart des Grasen drängte Thränen wie Worte in seine Brust zurück. Als jener fortging, verfiel er in einen langen, wohlthätigen Schlummer.

Mehrere Wochen waren auf diese Weise dahingegangen; die Nachricht war eingelaufen, daß die fürstliche Braut bedeutend krank liege und sich auf ein nahe gelegenes Lustschloß zurückgezogen habe; der Herzog war verreist, man wußte nicht wohin; es herrschte in der Residenz Trübsal und Verwirrung, im Geheim erzählte man sich von der Ankunft eines Mannes, welcher als Haupt einer weitumfassenden Verbindung politische Reformen zur Absicht habe. Es hatte sich ein Kreis von Mißvergnügten um ihn gebildet, und die Gestalt der Dinge war durch die mannigfaltigsten Umstände schon wesentlich verändert worden. In diesen Tagen erhielt unser Eduard ein Schreiben von der Oberhofmeisterin, in dem sie ihn aufforderte, das Bild des Fräuleins Magdalena, welches er einmal dem Fürsten versprochen hatte, zu malen. Als er eben diese Zeilen las, traten der Abt und Massiello herein. Sie freuten sich, ihren Freund so gesund zu sehen, und es wurde von nichts als von Reiseplänen gesprochen. Eduard konnte sein Mißbehagen nur schlecht verbergen; er hatte sich vorgenommen, den Fürsten, das Fräulein, den ganzen Hof nicht wieder zu sehen und nun wurde er durch jenen Brief wieder in den verhaßten Kreis hineingezogen. »Auch wir reisen,« rief Massiello in einer exaltirten Laune; »ich will doch wirklich sehen, ob alles so gut und trefflich ist, wie Gott seine Schöpfung rühmt im ersten Buch Mose; heutzutage muß man durchaus keiner gegebenen Versicherung glauben beimessen; übrigens will ich diesen jungen Menschen – er zeigte auf den Abt – in die Welt einführen.« Der Abt lächelte und sagte: »Wir entfliehen eigentlich nur dieser Stillen-Freitag-Stimmung, welche sich hier Platz gemacht hat. Man redet und ißt seit langer Zeit nichts Gutes mehr.« »Vielleicht,« rief Massiello, »treffen wir Dich, Du Süßer, in irgend einer kapitalen Stadt, wo Du mit deinem Prinzip der reinen Bestialität herumwandelst, indessen wir als ein paar essende und singende Menschen hinein und wieder durchschwärmen. Es ist in diesen Tagen mir auch ein ganz neuer Stoff zu Oper und Ballet gekommen, und zwar aus einer erz-frommen Zeit, wo jeder auftretende Vater gleich von vorn herein ein Erz-Vater ist, nämlich aus Abrahams Zeit, durch welches Stück ich mir dereinst einen sehr warmen, bequemen Platz im Schoße dieses Mannes im Himmel zu bereiten gedenke. Die Oper führt den Titel: ›Die Bitte um Fruchtbarkeit.‹ Zuerst erscheint Abraham und tanzt ein etwas frivoles Solo, im Hintergrunde sekundirt ihn Sara mit einigen Hirtinnen des Thals Mamre, dann tritt eine Hirtin vor, und gesteht unter Begleitung von Janitscharenmusik, vermischt mit Trompeten und Pauken, in zarter Verschämtheit, daß sie sich Mutter fühle, wobei sie einige decente Sprünge macht und sich entfernt. Abraham hat sie verstanden und wüthet, indem er sein

Loos beklagt; es folgt ein *Pas de deux* mit Sara, das in leidenschaftlichen kurzen Sätzen von der Musik begleitet wird. Der Erzvater läßt sich offenbar zu zürnender Ungerechtigkeit verleiten, Sara spielt im gekränkten Selbstgefühl das leidende Weib, und bleibt zuletzt, mit dem rechten Fuß radschlagend und es wagerecht stolz gegen Abraham hinschleudernd, auf dem linken drei Minuten lang stehen, mit dem vollen glänzenden Lächeln gekränkter Unschuld. Ungeheures Applaudissement; der Vorhang fällt. Den zweiten Akt eröffnet ein Engel, mir der Arie ›*di tanti palpiti*‹ – er zieht sich in ein Gebüsch zurück; Sara erscheint, indem sie ihre Bitten vorträgt; man bemerkt im Hintergrunde einige moralisch verdorbene Hirten, welche sich moquiren. Die Musik ist bei dieser Stelle durchaus unfruchtbar und deßhalb aus einigen beliebten neuen Componisten entlehnt. Jetzt tritt der Engel hervor, und Sara tanzt mit ihm, doch merkt man schon, daß es ihr schwer wird. Abraham hat sich indeß bei den Hirten erkundigt, wer der junge Mann sey, und da er nichts hat erfahren können, stürzt er eifersüchtig in den Vorgrund. Sara lächelte still, und spielt in einer artigen naiven Arie auf ihr fast hundertjähriges Alter an; der Engel erklärt sich und seine Sendung, Abraham jauchzt auf, Hirten und Hirtinnen füllen die Bühne, und die Scene schließt mit der Menuet aus dem Don Juan. Im dritten und letzten Akt erscheint Isaak; er macht eine anständige Verbeugung gegen das Publikum, und gesteht, daß er es selbst nicht geglaubt habe, daß er noch erscheinen werde. Er nimmt darauf Unterricht im Tanz und leistet etwas

Unglaubliches, die gerührten Eltern und das ganze Thal Mamre klatscht Beifall. Die moralisch verdorbenen Hirten sind zu ihren Verwandten in die Städte Sodom und Gomorrha gegangen, und man sieht diese beiden verdammten Residenzen im Hintergrunde aufbrennen. In der Schlußscene erscheint Adam als Harlekin, Eva als Colombine, der böse Geist als Dottore, die Gegend verwandelt sich in das Paradies; ein Orangoutang tanzt mit einer jungen Aeffin ein komisches *Pas de deux,* Löwen und Kameele gehen über das Theater, ihnen folgt der Hund des Aubri und der Kater Murr; alles treibt sich bunt durcheinander, ein militärisches Manöver und der marseiller Marsch beschließen das Ganze. Nicht wahr, Freunde, eine großartige Composition?« –

Eduard und der Abt hatten gelacht, doch der letzte lenkte schnell ab und sprach vom Grafen. »Haben Sie bemerkt, Theurer, daß dieser Mann sich nichts geringeres vorgesetzt hat, als der Zeit eine Richtung zu geben. Wenn ich nur dergleichen nicht fände; was soll das, wozu führt das? Da sitzt eine halbe Million Menschen auf dem Erdboden vertheilt, und horcht und lauscht an den Boden gedrückt, ob sie nicht den Schritt der Zeit vernehmen. Mit lauter Entwürfen, die Zeit einzurichten und zu gestalten, geht sie ihnen selbst ganz ungenützt dahin; sie gleichen einem Kinde, das so viele weitläufige Anstalten zu einem Spiele trifft, daß darüber die Spielstunde zu Ende läuft. Doch an dieser Krankheit liegt jezt die ganze Welt nieder. Wir ahnen Großes und Entsetzliches, und stämmen Hände und Leiber vor, als wollte eine Wand einstürzen, und nachher, wenn nichts stürzt, so stehen die tausend gehobenen-Arme und gebückten Leiber äußerst possirlich da. Ein kluger Mann muß, wie in einem übelgebauten Wagen, so auch in einer schlimmen Zeit, immer noch ein Plätzchen ausfinden können, wo es sich leidlich bequem sitzen und träumen läßt.« – Massiello hatte sich auf einen Lehnsessel geworfen und indem er beide Hände vors Gesicht schlug, stieß er einen tiefen und durchdringenden Seufzer aus. »O, ich bin müde zu leben,« rief er; »ich finde keine Worte, für den Ekel, der mich ergreift! Alle Erscheinungen haben sich schon bis zum Ueberdruß in mir wiederholt, und ich bin jeder Erbärmlichkeit vertraut geworden. Es ist alles nichts, alles fad, alles todt, staubig, verkohlt – erbärmlich!« –

Eine lange Pause entstand, dann gingen die Freunde still auseinander, keiner vom Wesen des andern erbaut und erkräftigt.

Eine Frist, die unser Freund vom Arzte sich hatte vorschreiben lassen, war verlaufen und es fand sich keine Entschuldigung mehr, die den längern Aufschub des Besuches im Schlosse hätte möglich machen können; so trat er denn eines Abends zu Pferde, von einem Diener begleitet, die Reise an. Der Frühling war in seinem vollen Glanze erwacht, die lezten rauhen Athemzüge des Winters verhauchten in dampfende Nebel, der die tiefsten Thäler noch einhüllte, goldne Strahlen entzündeten die Welt, und leichte süße Gesänge wiegten sich auf den sprossenden

Zweigen. Gegen die Nacht kam ein Gewitter herauf und ein warmer qualmender Brodem stieg mit einem betäubenden Geruch aus dem Boden des Waldes, einige dumpfe Schläge ertönten, dann herrschte tiefe Stille und während der matte Glanz der Blitze um die Blüthen herumfuhr, tropfte ein warmer Regen nieder. Eduard hatte sich mit seinem Diener unter einem Baume niedergelassen und den Rock aufgeknüpft; zum erstenmal wieder schmerzte ihn seine Wunde empfindlich, und er mußte gebückt sitzen, die Hand auf dem entblößten Busen. Das geheimnißvolle Blatt kam ihm wieder in die Hände, er heftete in der Dunkelheit sein Auge drauf, und es war ihm, als sähe er wieder jene blendend weiße Hand über seine Schulter reichen, um ihm das Papier zu entreißen, heftiger schloß er es an sich und blickte um. Tiefe Finsterniß hüllte jezt den Wald, heftig rauschte der Regen und leuchtende Blitze schossen nieder. Eine Unruhe, die er sich nicht erklären konnte, trieb ihn an, das Pferd zu besteigen und in die Nacht hinein sein Ziel zu verfolgen. Das Wetter ließ bald nach, und als unser Reiter bei den ersten frischen Morgenstrahlen aus dem Walde herausritt, zeigte sich ihm das Schloß und seine Umgebungen. Es lag in romantischer Wildheit am Abhang eines Berges und ein Theil desselben lehnte sich in starren Umrissen an eine schroff emporsteigende Felswand. Brücken, hier und da noch mit dem alterthümlichen Schmuck früher Jahrhunderte versehen, liefen über Abgründe und verbanden die schweren Massen mit einander, sicher und zierlich aufsteigende Thürme und Thürmchen umstellten den Bau wie schützend nach allen Weltgegenden hin und auf den spitzigen Dächern blitzten im Abendlicht die blanken Knöpfchen. Weiter unten, halb im Thal, erhob sich ein modernes Gebäude, zierlich ausgestattet, vom hellen Grün schön geordneter Baumgruppen umschlossen. Eduard stieg hier vom Pferde und auf seine Frage nach dem Schloßintendanten wies man ihn hinauf in die fürstlichen Zimmer. Alsobald machte er sich auch auf den Weg. Oben auf der alterthümlichen Stiege kam ihm ein Diener der Oberhofmeisterin entgegen, ihm den Eingang in den Saal öffnend. Bei seinem Eintritt erblickt er ein Frauenzimmer, welches am lezten Fenster mit dem Rücken gegen ihn saß und sein Erscheinen nicht zu bemerken schien. Bestürzt blieb er stehen und strich sich über die Stirne – es war nur zu deutlich, die Gestalt aus seinem Traume saß vor ihm. Der voraneilende Diener meldete ihn, in dem Augenblick erhob sich die Dame und Eduard erkannte die Fürstin, die ihn huldreich begrüßte. Von ihrem Schoße fiel, indem sie aufstand, ein Stickmuster zur Erde und als sie sich bückte es wieder aufzuheben, löste sich die eine Seitenlocke und sank auf den Hals nieder. Eduard starrte die Prinzessin an, einige Worte stammelnd, welche nur zu deutlich seine innere Bewegung verriethen, in dem Moment öffnete sich eine Thür und Fräulein Magdalena trat herein. Ein ausgewählter Morgenanzug schloß sich ihrem schönen Wuchse an, in ihrem Gesichte lag eine ungewöhnliche Blässe, mit der das volle röthlich braune Haar contrastirte. »Werden Sie mir vergeben,« nahm die Fürstin zu Eduard gewendet das Wort, »wenn ich die Veranlassung bin, daß

Sie aus dem Kreise ihrer Freunde, aus den bunten Zirkeln der Residenz sich haben losreißen müssen, um meinem Wunsche zu genügen, das Bild meiner lieben Freundin,« sie zeigte auf das Fräulein, »zu malen; sie will uns verlassen, meine zärtlichsten Wünsche haben nichts über ihren unbeugsamen Willen vermocht, als nur die eine Vergünstigung, ihr Bild mir ausbitten zu dürfen.« Das Fräulein neigte sich bei diesen Worten mit einem Kusse auf die Hand der Fürstin nieder. Diese Handlung gab Eduarden plötzlich seine ganze Fassung wieder, er glaubte die Heuchlerin zu entdecken, der kein Mittel zu gering war, sich in die Gunst der durch sie beleidigten Fürstin wieder einzudrängen, ja er meinte, das Feuer dieser großen blauen Augen, die eine Zeitlang auf ihm geruht hatten, zu verstehen, das Räthsel jener geheimnißvollen Worte löste sich – sie, sie, rief er bei sich, sie hat dich hergerufen – ihr entschlüpften jene Drohungen und Winke. Eine Kälte erfüllte seinen Busen, das Gespräch, die Umgebung, die Wände des Gemachs, ja das ganze finstere Schloß drängte jetzt beängstigend auf ihn ein. Der Widerwille, der Haß gegen das Fräulein stieg so hoch, daß er jeden Augenblick fürchten mußte, daß sein offener Charakter an ihm zum Verräther werden möchte; nur der Anblick der Fürstin, die ihn immer von Neuem an seine Mutter erinnerte, war im Stande, ihm den Gedanken an einen längern Aufenthalt in dieser Umgebung nicht zur Marter zu machen.

Als unser Freund später zur Abendtafel erschien, trat mit ihm ein ältlicher Mann mit ehrwürdigen Zügen, den die Fürstin als Freiherrn von Werner, den Intendanten des

Schlosses, vorstellte, wo Eduard seinen Wohnort aufschlagen sollte, ein. Das Fräulein sprach wenig, ein grüner Schirm bedeckte ihre Augen vor dem Glanze der Kerzen, und da sie den Kopf gesenkt hielt, gewahrte der Blick nur die zarte Rundung und Weiße des Kinnes, so wie ein schön gebildetes blaßrothes Lippenpaar. Oefters reichte ihr die Fürstin die Hand über den Tisch und sagte: »Nun Liebe? – so traurig!« Eduard höhnte im Innern die welke Zartheit und spröde Resignation; alles an diesem Wesen erschien ihm falsch, er sehnte sich nach der heißen, offenen Sinnlichkeit Era's. Mit Entzücken vernahm er den Abschiedsgruß der Damen, Ketten sanken von seiner Brust, und er eilte mit dem Baron über die vielen Brücken und Stiegen dem neuen lichten Gebäude zu, in dem er die erste Nacht nun zubringen sollte. Hier hatten alle Gegenstände ein durchaus verschiedenes Aeußere; im Wohnzimmer, in welches der Freiherr ihn führte, war die Familie versammelt und begrüßte den Ankömmling offen und freundlich. Der Baron war Wittwer, seine Gemahlin hatte ihm eine Tochter und einen Sohn geschenkt. Die erste war ein kleines lebendiges Wesen mit hellbraunen, unstäten Augen; sie besorgte die Wirthschaft, es zeigte sich jedoch bald, daß sie bei diesem Geschäft mit der größten Eilfertigkeit und Zerstreutheit zu Werke ging, und hundert Dinge vergaß oder falsch ausrichtete; man sah ihr den Wunsch an, immer wieder so schnell als möglich ihren Platz einzunehmen bei einem Manne in den mittleren Jahren, der sich unserem Freunde als einen Journalisten aus der Residenz ankündigte. Den Bruder Sophiens, ein junger Mensch von blühendem Aussehen, bezeichnete seine Kleidung als einen Forstzögling aus einem nahen Waldstädtchen. Bei seiner kräftigen Jugend und männlichem Geschäfte trat eine große Weichheit seltsam contrastirend bei seinem Benehmen, so wie bei der Gesichtsbildung, deutlich hervor. Er stand lange, während ein munteres Gespräch in der Stube durcheinanderkreuzte, stillschweigend an's Fenster gelehnt und blickte hinaus auf das einsam erleuchtete Zimmer im Schlosse, welches in die Nacht herab glänzte; sein Vater trat endlich zu ihm, und indem er etwas unsanft in die blonden Haare des Träumers fuhr, faßte er ihn um den Leib und zog ihn in die Stube hinein. »Mein Sohn August,« rief er Eduarden zu, den Jüngling vorstellend – »Forstkadet in R –.« Man setzte sich zum Nachtische, den Sophie besorgt hatte, und in dem Moment trat ein ältlicher Mann ein, den der Hausherr Ottfried nannte und als seinen jüngsten Bruder bezeichnete. »Ich bin mit meiner Familie,« fuhr der Baron fort, »in eine sonderbare Verwirrung gerathen; ein Theil, zu dem mein Bruder auch gehört, ist offenbar zu alt, der andere – dort meine lieben Kinder, möchten fast ein wenig zu jung seyn, es fehlt an einem gewissen Mittelstand.« – »Den bildet doch wohl unser Freund dort,« sagte Ottfried, indem er auf den Journalisten zeigte. – »Gott behüte,« rief dieser, »ich gehöre unbedingt der neuen und neuesten Zeit an, es gibt kein Bündniß mit alten Irrthümern; Krieg, offener Krieg und keine Vermittelung ist mein Wahlspruch.« Er sprach diese Worte wie im Scherze leicht hin, dennoch war es nicht zu verkennen, daß seine wahre

Ansicht sich nur dürftig maskirte, um in Gegenwart eines Fremden, dessen Gesinnungen ihm noch ein Geheimniß waren, nicht zu entscheidend aufzutreten. Sophie ließ sich angelegen seyn, ihrem Freund allerlei Leckerbissen zuzuwenden, und dieser zog endlich zum Dank für diese zarte Aufmerksamkeit die neuesten politischen Blätter hervor, indem er sich anschickte, Einiges daraus vorzulesen. »Halt, halt, Theuerster,« rief der Baron, »lassen wir unsern jungen Freund nicht gleich zum Willkommen die alten kreischenden Trompeterstückchen hören, die jetzt alle Ohren gellen machen – nachher, nachher findet sich wohl ein Stündchen; besser wird es seyn, etwas über unsere Bekannten in der Residenz zu vernehmen.« Der Doktor schlug seine Blätter mit merklichem Unwillen zusammen, und Eduard ward aufgefordert, zu erzählen. Das Gespräch kam auf die Poesie und die neuesten Erscheinungen in diesem Fach. »Wenn wir davon reden sollen,« nahm der Journalist wieder das Wort, »so ist die erste und wichtigste Frage, was suchen wir heutzutage in der Poesie?« – »Zerstreuung, Erheiterung, Erhebung aus der verwirrten dumpfen Zeit,« rief der Baron mit Nachdruck. – »Freilich wohl,« nahm der Erstere wieder das Wort, »Erhebung – das soll sie uns geben und das wird sie. Gottlob, die Zeit ist vorüber, wo diese edle Kunst, wie alle übrigen, nur dem Kitzel der Höfe diente, und ein paar tausend Menschen mit ihr wie mit der Puppe spielten. Drum nichts von Zerstreuung, Erheiterung – wir sollen nicht zerstreut, erheitert werden; eine finstere, thatendrängende Zeit fordert Arbeit, Mühe, schnelle begeisterte Wirksamkeit. Der Brand umgestürzter Reiche, der alten Gerüste und Satzungen hat, so wie das Blut untergegangener Generationen, den Boden gedüngt, und die hellstrahlende Sonne ächter Aufklärung zeitigt jetzt in jäher Schnelle die aufkeimende Saat; alles ist Regung und Bewegung; der scharfe tragische Dolch der Muse, mit dem die Hand früher gespielt, jetzt gilt es, in einer Männerfaust seine Schärfe, seine hartgeschliffene Spitze zu erproben. Hinweg mit der markausspülenden Weichlichkeit jener Poeten, deren Faunsgesichter, von Perückenlocken umschattet, mit lüsterner Gier in den Falten des alten Paradebetts lauschen, wo die alte buhlerische Koquette der Despotie sich ziert und winkt. Die morschen Pendülen mit den Porzellanmöpschen und Schäferinnen haben ihre letzte Stunde gewispert; ein wunderbarer Sturm rauscht hinter jenen Tapeten und rüttelt an den versteckten Thüren, durch welche Wollust und Verrath einschlichen. Ein flammenschöner, in jungfräulicher Herbigkeit felsenharter Joseph reißt sich die junge Freiheit aus den verfolgenden Armen der alten Koquette, welche in welker Ohnmacht zurückbleibt; gerne opfert er den Mantel, alles irdische Gut, wenn er nur das himmlische seines Busens rettet.« Ein Schweigen trat ein nach diesen lebendigen Worten, Sophie schmiegte sich an den Sprecher und sah ihm in die funkelnden Augen. Der Baron nahm das Wort und sagte: »Ihr habt vollkommen recht, Doktor, unter den grauen mittelalterlichen Schutt von zerbröckelten Kirchthürmen, den altmodischen Porzellanmöpschen und Perücken

124

gehören auch jene albernen gothischen Irrthümer von Andacht, Liebe, Begeisterung, und Ihr thut wohl daran, wenn Ihr drauf besteht, daß alles miteinander ausgekehrt werde, damit aus der alten wunderlichen Kinderstube des Menschengeschlechts, voll summender Mährchen und Kindergebete, ein feiner offener Salon werde, wo politische Zeitschriften gelesen werden können, und man über den neuesten Wechselcours verständige Betrachtungen austauschen kann.« – »Wir werden uns nimmermehr verstehen,« fuhr der Journalist auf, »und es wäre besser, es käme nie zu einem so unfruchtbaren Austausch; desto besser hat mich hier meine junge Freundin verstanden, nicht wahr?« – Sophie erröthete und neigte ihr Antlitz tief herab, dann hob sie es langsam, und ein Blick auf den Vater zeigte, daß ihre Zunge es nicht wagen dürfe, offen den Beifall zu äußern, den sie im Geheimen den Worten des Redners gab. – »Ich erlebe es noch,« fuhr der Baron fort, »Sie, Herr Doktor, im offenen Kampf mit Fürst und Thron zu sehen; vielleicht treffen wir uns noch in einem engen Gewahrsam wieder, wo wir beide Zeit genug behalten, einer an dem andern Proselyten zu machen.« – »Ich stehe überall meinem Mann,« erwiderte der Angegriffene, »und gehe, wie Jeder heutzutage, gewappnet umher; doch möchte mir gerade das thätliche Eingreifen nicht als Beruf gegeben worden seyn, es gibt im Felde der Ideen noch zahllose rühmliche Kämpfe zu bestehen. Hier, wie in jeder kräftigen Weltsache, gehen der falschen Apostel in Menge herum, und es fehlt am Judas nicht, der die Freiheit um dreißig Silberlinge verläugnet.

Zahllose Meinungen schweifen in der Irre umher und bekämpfen im Irrthum und in der Finsterniß sich selber, der Taumel wächst hier zum frechen Uebermuth, indeß der Eifer für die gute Sache dort im trägen Indifferentismus unterzusinken droht, dort ist also Zaum, hier sind Sporen nöthig, und so gibt's für einen Kopf, dem Ernst und Klarheit geworden, genug zu thun, Einheit und Richtung in die wogende, drängende Masse zu bringen. Gab es einmal eine Zeit, wo es lieblich, erlaubt und schön war, den Geist in eine poetische Ferne zu tauchen, am verklärten Schmerz und Entzücken sich zu berauschen, im Reiche der Phantasie zu leben, so muß das jetzige Geschlecht diesen Genuß aufgeben und dafür die Ehre haben, Thaten auszustreuen, die den kommenden Geschlechtern Stoff zu Liedern und Hymnen geben. Es genügt nicht, in Ruhe die kunstreichen Gebilde auf dem Schilde der Minerva zu betrachten, sondern es gilt, ihn zu führen im Streite.«

Der Baron erhob sich und auch die Andern brachen auf, man trennte sich, um zu Bette zu gehen. Ottfried kam auf unsern Freund zu, und indem er ihm die Hand drückte, bat er ihn, sich in das Profil zu stellen. Eduard that es, und der freundliche Mann sagte nach einer Pause, während deren er ihn aufmerksam beobachtet hatte: »Nicht wahr, Sie sind ein Dichter? gestehen Sie es nur, ich trüge mich nicht.« Eduard gestand, daß er Verse niedergeschrieben. »Ja, ja,« rief Ottfried, »o mein Freund, ich habe Ihnen viel zu vertrauen, doch das zur gelegenern Stunde.«

Als Eduard sein Zimmer erreicht hatte, löschte er schnell die Kerzen aus, und ließ den vollen silbernen Strom des Mondlichts über den Schreibtisch und Armstuhl auf den Boden fallen, er trat an's Fenster und es öffnend, blickte er auf das gegen die finstere Wolkenwand weißlich hervortretende Schloßgemäuer. Die Fenster schillerten im Mondglanz und es sah aus, als gäbe es drinnen ein prächtiges Fest. Alles umher war Ruhe und Stille; noch eben hatten leidenschaftliche Worte einer Menschenrede an sein Ohr getönt, sie waren verhallt, und durch das Schweigen des Grabes tönte das leise Geflüster der Blätter der unter seinem Fenster aufstrebenden Baumgipfel. Jetzt strich ein Luftzug durch's Gemach, und die Papiere auf dem Tische flogen auf, er sah im Schlosse ein einsam wandelndes Licht die lange Fensterreihe durchstreifen, und die Uhr im nahen Dorfe schlug die zwölfte Stunde. Er suchte das Bett und sank bald in einen tiefen Schlaf.

Als er am Morgen sich zum Frühstücke einfand, saß Sophie allein da, und beschäftigte sich mit den Tassen. Sie stand sogleich auf, und nach einigen gleichgültigen Reden sagte sie: »Die Augenblicke sind selten, wo es einem gestattet wird, Blicke in das Innere eines Menschen zu thun. Sie, mein Herr, haben zufällig gestern den wunden Fleck offen gesehen, der, nach Innen zehrend, das Unglück unserer sonst so zufriedenen Gesellschaft macht. Ich kann es nicht läugnen, ich hege den tiefsten Haß gegen die alten Formen und den Dünkel einer Kaste, die dem

Uebermuth und der Tyrannei keine Gränzen zu setzen weiß; offen bekenne ich, daß mir die höhere philosophische Entwickelung der Ideen, um die es sich handelt, gänzlich fremd ist, und daß zur Bildung meiner Ansichten gekränkte Eitelkeit einen großen, wenn auch nicht den größten Theil beiträgt. Ist es Ihnen recht, so benutze ich das halbe Stündchen, wo mein guter Vater noch zu erscheinen zögert, um Ihnen eine Begebenheit zu erzählen, die die plötzliche Aenderung meiner Ideen bewirkt hat, und an die ich nie ohne Bewegung zurückdenken kann.« Eduard setzte sich zu ihr, und sie fuhr fort: »Meine gute Mutter war nicht von adeliger Abkunft, sie hatte durch Tugenden, die eines leeren Schimmers nicht bedürfen, das Herz meines Vaters an sich zu fesseln verstanden; ihr früher Tod ließ ihn ihren Werth auf das schmerzhafteste empfinden. Man veranstaltete ein ehrenvolles Leichenbegängniß; und die gewöhnlichen Festlichkeiten gingen vor sich, die, noch ein Erbtheil einer steifen, thörichten Zeit, eben so drückend als belästigend für die armen Hinterbliebenen sind. Meine Mutter besaß ein kleines Ordenskreuz, welches sie von einer theuren Freundin, die Stiftsdame gewesen, als ein Andenken erhalten hatte, und welches immer auf ihrer Brust zu ruhen pflegte; auch jetzt befand es sich dort, obgleich das Herz, welches in diesem Busen schlug, schon erkaltet war. Wer hätte es wagen können, dieses Zeichen einer zärtlichen Erinnerung zu entreißen? Und dennoch geschah es. Eine Dame von Adel, die sich mit unter den Trauergästen befand und noch zu jenem Fräuleinstift gehörte, bemerkte nicht sobald das Kreuz, als sie an den Sarg trat, um es abzulösen. Fast mit kindischer Hast sprang ich hinzu, umklammerte ihren Arm, indem ich sie bat und beschwor, von diesem Vorhaben nachzulassen, ja, ich besinne mich, daß ich in ohnmächtiger Wuth nahe daran war, ihr in den Arm zu beißen, allein sie drängte mich von sich, indem sie leise und mit schneidender Kälte sagte: ›Mademoiselle, soll ich Ihre Bonne rufen, um Sie zu züchtigen?‹ Dann wandte sie sich zu einer nebenstehenden Dame und sagte spottend: ›Das ist nun eine Erziehung, wie sie eine Bürgerliche geben kann.‹ Mein ganzes Wesen war Erbitterung, ich verstand jene Worte sehr wohl, und ein grelles Licht drang in mein Inneres. O Himmel, ich glaubte die arme Mutter jetzt jedes Schmuckes beraubt zu sehen, mein einziges Verlangen war, mich nur gleich zu ihr in's kalte einsame Grab zu legen. In der Folge gab es Kränkungen der Art eine Menge. So besinne ich mich, daß ich die schmerzlichsten Thränen vergoß an einem Abende, wo alle meine Gespielinnen tanzten und jubelten; man hatte meine vertrauteste Freundin, ein Mädchen von bürgerlicher Abkunft, auf das Empfindlichste gekränkt, und da ich mich lebhaft ihrer annahm, mußte auch ich erfahren, daß man mir den Stand meiner Mutter vorwarf. Dies empörte mich, es kam auf's Aeußerste, und als mir, die Gescholtene zu rechtfertigen, im Eifer der Rede die hellen Thränen über die Wangen liefen, mußte ich ein schadenfrohes tückisches Lachen hören, welches mir das Herz vollends zerschnitt. Mein guter Vater verließ mit mir den Saal, und als ich zu Hause anlangte, mußte der Arzt an meinem Bette erscheinen, denn die Symptome eines bösartigen Fiebers zeigten sich, welches mich auch später drei volle Monate am Krankenlager fesselte. Als ich genas, blieb ein Stachel in meiner Brust zurück, und zum erstenmale empfand ich eine Art von Genugthuung, als es in meine Hand gegeben ward, einem jungen Mann von adeliger Geburt, der um meinen Besitz sich bewarb, eine abschlägige Antwort mit aller Bitterkeit meines gekränkten Herzens zu ertheilen. Bald suchten nun Spötter auszubreiten, meine liberalen Ideen brächten den Thron in Gefahr und was des Geschwätzes mehr war; indeß fühlte ich nur zu deutlich, daß mein Geist zur Selbstständigkeit gereift war, meine natürliche Offenheit trat zurück, und während des Kampfes in mir beobachtete ich die strengste Kälte nach außen. In jener Zeit ward der Doktor, den Sie gestern kennen gelernt, in unserm Hause bekannt, und ich kann wohl sagen, daß er mich über mich selbst völlig in's Klare setzte. Ich gelangte immer weiter, bis zuletzt die Nähe eines so hohen und schönen Wesens, deren Erscheinung der Doktor wie eine göttliche Sendung betrachtet, mir eine Festigkeit, ja einen Trotz verliehen hat, mit dem ich gegen eine ganze Welt mit den Waffen meiner Ueberzeugung anzukämpfen im Stande seyn könnte. Dies, mein Herr, sind in der Kürze die Beweggründe meiner veränderten Sinnesart, welche ich Ihnen gestern, glaube ich, nicht undeutlich an den Tag gelegt habe.«

Eduard hatte dem geläufigen Fluß der Rede, so wie den sonderbaren Erfahrungen des kleinen Wesens ruhig zugehört, und dabei seine Morgentasse geleert. Auf der einen Seite konnte er ihr seine Achtung nicht versagen, auf der andern mußte er herzlich bedauern, daß seine offenherzige Vertraute nur zu gewiß den Schranken entrückt sey, für die sie bestimmt war. Er erkundigte sich nach jener wundervollen Erscheinung, deren sie am Schlusse ihrer Worte erwähnt hatte. »Ich darf Ihnen den Namen nicht nennen,« entgegnete Sophie, »es ist ihr Wille, im Verborgenen zu wirken, gleich einer Priesterin im Allerheiligsten, wie mein Doktor sich ausdrückt.« – »Doch nicht Fräulein Magdalena,« sagte Eduard halb gedankenlos vor sich hin, und wunderte sich nicht wenig, als hohe Röthe die Wangen seiner kleinen Freundin übergoß. – »Sie ist's,« rief sie mit leiser Stimme, »ich kann nun einmal kein Geheimniß auf meiner Zunge bewahren, ja, Sie haben's errathen, Fräulein Magdalena ist's; nur bitte ich – Verschwiegenheit, theurer Mann, Sie könnten mich sonst beim Doktor auf ewig in Mißkredit stürzen.« – »Dacht' ich's doch,« rief Eduard bei sich, »Priesterin, Sonnambüle, Jakobinerin, Buhlerin, Alles in Allem!« Sophie wollte in ihren Erörterungen und Geständnissen von Neuem beginnen, als die Thüre sich öffnete und der Baron eintrat. Er grüßte und nahm Platz, indem er seine Tochter aufmerksam von der Seite in's Auge faßte; sie that unbefangen und fing sogar an, ein Liedchen zu singen, das durch seine falschen Töne Eduard's Ohr nicht wenig beleidigte. »Ich wette,« sagte der Alte zu ihr, »Du hast wieder allerlei Bekenntnisse zu Markte gebracht und nach deiner Art räsonnirt, der Kaffee ist kalt geworden und ein

Theil der Sahne ist auf's Tuch verschüttet.« Sie begütigte mit einem Handkuß den Scheltenden und schlüpfte zur Thüre hinaus. »Wenn ich doch den Unfug in meinen alten Tagen nicht noch zu erleben brauchte,« rief der Baron, indem er ihr nachsah; »wahrlich, in die Tiefen des Meeres möchte ich mich betten, die Kammern der Felsen möchte ich aufschließen, um mich vor dem Unsinn, dem leeren polternden Treiben zu verstecken. Ich weiß, daß es nur ein Schwindel, ein Traum ist, worin die heutige Welt befangen ist, daß dieser jammervolle Zustand bald vorübergehen wird und muß – doch dauert er mir jetzt schon viel zu lange.« Er saß grimmig da, und erst dann gelang es Eduarden, ihn in eine bessere Stimmung zu bringen, als er einen Gang in die würzige Frische des Morgens vorschlug. Unser Freund konnte sich nicht entschließen, auf's Schloß zu gehen, um sein Werk anzufangen. Als man den Garten entlang ging, wurde Sophie bemerkbar, die Küchenkräuter einsammelte. »Das wird eine ächt liberale Suppe werden,« spöttelte der Alte, »da sie wiederum es sich nicht nehmen läßt, selbst die Ingredienzen einzusammeln; wir werden uns wohl, theurer Freund, den Hunger heute vergehen lassen müssen.« Nach einer Pause fragte er: »Kennen Sie das Fräulein Magdalena oben im Schloß?« – Eduard schüttelte das Haupt. »Ein treffliches Geschöpf,« fuhr der Baron fort, »ich könnte Ihnen von Wohlthaten erzählen, von in der Stille verübten trefflichen Handlungen, doch lassen wir das, man muß seinem Nebenmenschen auch nichts Gutes hinter dem Rücken nachsagen.« Er schwieg und Eduard empfand durchaus keine Neigung, den Discurs fortzusetzen; in dem Augenblick holte sie ein Diener vom Schlosse ein, und brachte von der Fürstin eine Einladung an Eduard, auf's Schloß zu kommen. Der Alte trennte sich von ihm, und sobald er fort war, erschien Sophie mit dem Bündel gepflückter Kräuter. »Nicht wahr,« sagte sie, »der treffliche Alte hat schon wieder über mich gelästert? o ich bin oft der Verzweiflung nahe; wie schwer wird es uns doch, den Schatz zu verbergen, den wir über Nacht gehoben haben! Er will mich nun einem vernünftigen kalten Mann verbinden, einem eingefleischten Altgläubigen, der sich nicht scheut, noch eine Perücke zu tragen und den Uz und Gleim zu lesen, mit einem Worte, er will mich einem Pfarrer vermählen, der im nächsten Städtchen wohnt, und von Zeit zu Zeit seine dürren aristokratischen Beine hierher in Bewegung setzt, um mir seine Person anzutragen. Wahrlich, man kann einen Abscheu gegen jede Verbindung bekommen, wenn man sieht, wie Ihr Geschlecht sich vereinigt, das unserige in ein unbedeutendes läppisches Nichts hinab zu drücken. Kindische Tändeleien füllen unsere Jugend, Sitte, Vorurtheil, Männerstolz beraubt uns nach und nach jeder höhern Wirksamkeit, und indem die Eitelkeit Ihres Geschlechts einen Kitzel darin findet, mit unserer Erscheinung wie mit einer geputzten Puppe zu spielen, so lange dieser der Flitter vergänglicher Jugend und Schönheit anklebt, so findet zugleich der Stolz der Männer seine Berechnung dabei, durch eine so unwürdige Verweichlichung unsere Theilnahme den Angelegenheiten des Gemeinwesens zu entziehen, und unsern Geist zur

Führung der Staatsgeschäfte untauglich zu machen. Was sind wir Weiber jetzt und was könnten wir seyn? Wer mag heutzutage an Thusnelden erinnern, ohne fürchten zu müssen, lächerlich zu werden? und doch ist nicht Liebe, Vaterland, Freiheit ein und dasselbe im Busen eines jeden edleren Weibes, kann sie den Mann lieben, der unwürdigem Joche seinen Nacken beugt?« – Aus ihrem Auge stürzten, als sie dieses sprach, Thränen, zugleich entfielen ihr die Küchenkräuter, und ein Hündchen, welches sie begleitete, stürzte sogleich über den grünen Haufen her, und verschleppte unter Gebell und Sprüngen die farbigen Wurzeln; die neue Thusnelde hatte Mühe, indem sie ihm nachjagte, ihre Schätze wieder zu erlangen, als sie zurückkehrte, war Eduard schon auf dem Wege nach dem Schlosse begriffen, ein Diener trug ihm das Malergeräth nach.

Eine Woche war vergangen, während er ziemlich eifrig an dem Bilde arbeitete, doch mit innerem Widerstreben. Magdalena schien seine eisige Kälte zu empfinden, manchmal zog sich ein bittendes Lächeln über ihre Züge, doch lag sie stumm in ihrem sammetnen Lehnsessel. Die Fürstin ging ab und zu, die Oberhofmeisterin las zuweilen ein kleines französisches Lustspiel vor. Eduard hatte nie eine ähnliche Qual empfunden; er sah, wie unter seinen Händen die Arbeit verkümmerte, wie jede volle Linie, jede warme Form ermattete und erstarrte, dennoch konnte er sich einen gewissen Triumph nicht verhehlen, der in der Ueberzeugung bestand, daß es ihm gelungen sey, auch jeden Reiz aus einer Gestalt zu verbannen, den diese nur anwendete, um verderblich zu wirken. Er bat sich jetzt eine Ruhezeit aus, und das Bild wurde auf sein einsames Zimmer gebracht, wo er es verhüllte und tief in einen Winkel stellte, dann riß er das Fenster auf und lehnte sich weit in die Dämmerung des Abends hinaus. Der Hollunder hing seine Blüthe dicht am Fenster nieder und flüsternde Pappeln ragten in den rosigen Schein hinein. In seltsame Träume versenkt, griff er nach dem Papier und entwarf eine Zeichnung, welche er, durch die eintretende Dunkelheit verhindert, liegen lassen mußte; er lehnte wieder zum Fenster hinaus, und sein Blick verlor sich in der unermeßlichen Bläue über ihm, dann sah er am Gebirge den ersten Stern mit räthselhaftem Glanze aufgehen. Es war ihm unmöglich, in dieser Stimmung zur Gesellschaft hinabzugehen oder überhaupt Menschen aufzusuchen; seine Thüre verschließend, warf er sich auf's Lager und in wunderbaren Bildern zog eine ferne Zeit an seiner Seele vorüber; ein nagender Schmerz bemächtigte sich seiner, zugleich gab ihm das Bewußtseyn dieses Schmerzes ein seliges Gefühl, das er in diesem Grade noch nie empfunden hatte; so sank er zuletzt in einen wohlthätigen Schlummer, durch das offengebliebene Fenster strömte Kühlung über seine heiße Stirne.

Als er sich am Morgen erhob, fühlte er sich abgespannt und verstört; einen Theil der Nacht hatten Träume gefüllt, die ihm durchaus kein klares Bild hinterließen. Mißmuthig setzte er sich an den Tisch und wühlte unter den Papieren, da kam ihm das Blatt von gestern in die Hände, er betrachtete es aufmerksam und war nicht wenig verwundert über die Zeichnung, die es enthielt. Sie stellte einen Wald vor; ein Mann im Jägerkleide stand im Vorgrund, durch die Bäume wurde im Hintergrunde eine fliehende weibliche Gestalt bemerkbar, die das Antlitz mit einem schmerzlich fragenden Ausdruck umwandte und die Worte zu rufen schien: »Warum verfolgst du mich?« Er führte das Bild vollends aus, und schrieb jene Worte unter dasselbe.

Als er in das Familienzimmer hinunter ging, fand er darin den Journalisten allein, der die Arme auf der Brust verschränkt mit langen Schritten auf und nieder ging und durch die Brillengläser feurige und unstäte Blicke umherwarf. Als er Eduarden bemerkte, rief er freudig: »Schön, daß Sie kommen; ich muß meinen Geist, der unerhört glüht, durch einige heitere, gleichgültige Gespräche abkühlen, lassen Sie uns von Kunst, von Malerei sprechen. Sie malen jezt das Fräulein; nicht wahr, eine geistreiche Physiognomie? o, das ist ein weiblicher Marquis Posa! Man sagt, Sie werden auch vielleich die Prinzessin Braut malen – ein anderes Geschöpf! werth eine schlichte Bürgerin zu seyn – und wie wird sie behandelt; doch klagt sie nicht, so gibt es andere Zungen, welche klagen, – es ist weit gekommen, sage ich Ihnen, das Land – die Stände –« Er hielt inne, schlug sich vor die Stirne und rief: »Doch wir wollten ja leichte und kühlende Dinge sprechen;« hiermit zog er einen Pack Zeitungen hervor und schrie Eduarden in's Ohr: »Haben Sie schon gelesen, Freund? – doch still, still.« Eduard mußte lächeln; er nahm einen Vorwand, sich zu entfernen und stieg in den

136

Park hinab. Sein Wunsch war, Niemanden zu begegnen, dennoch verging keine halbe Stunde, als er einen Mann auf sich zu wandeln sah, der ihn durch ein Glas fixirte und endlich mit einem herzlichen Gruß zu ihm trat; es war Ottfried. »Oh, sieh da, unser Maler,« rief der freundliche Mann, »so bringt uns eine günstige Stunde im Tempel der schönen Natur zusammen.« Sie gingen jezt beide den Gang hinab und über einen romantischen, hoch gelegenen Pfad, der zu einer einsamen Thalmühle führte, welche im Gebüsche lieblich und idyllisch geschmückt da lag. Ottfried erzählte, wie er hier seine früheste Jugend verlebt, wie er alle Blumen und Bäume kenne und liebe; er sprach mit Wärme und Begeisterung von der Einsamkeit und jener Stille des Gemüths, in der es den süßesten, beglückendsten Gefühlen allein möglich werde, zu keimen. »Doch glaube ich,« fuhr er fort, »daß Beschaulichkeit und Andacht nicht allein den Dichter so wie den ächten Religiösen bilden; es gibt einen Zustand, der hier wie überall, wo etwas Tüchtiges sich gestalten soll, dem Menschen gleichsam die erste und heiligste Weihe gibt.« Eine Pause entstand und Eduard sah seinen Begleiter fragend an. »Es ist der Schmerz,« sagte dieser; »glauben Sie einem Manne, der aus Ueberzeugung spricht; der Schmerz, die Thräne bringt uns dem Gott wieder nah, wenn wir durch Witz und Lachen uns von ihm entfernt haben; ebenso in der Poesie, ohne Unglück keine Größe, ohne Kampf kein Sieg, ohne Erniedrigung keine Erhöhung; wen die Musen lieben, den züchtigen sie. Wem nicht das Hinderniß von Außen kommt, der findet im

Innern ein's. Eine große Seele findet überall Schmerz, weil sie groß ist, und der Kampf mit dem Schmerz ist Poesie.« Eduard sah dem seltsamen Manne in's Auge und bemerkte, daß dieses sich mit Thränen füllte. »Ja,« fuhr er fort, »mein ganzes Unglück besteht darin, daß ich die Zeit meines Lebens über glücklich gewesen bin! o Freund, lächeln Sie nicht, ich spreche im heiligsten Ernst: ich fühle, ich bin zum Dichter geboren, allein es sollte trotz dessen nicht seyn, deswegen ging es mir überall wohl. O, meine Caroline, warum mußtest du mich auch gleich mit deinem Jawort beglücken, gab es denn durchaus kein Hinderniß, das uns, wenn auch nicht ganz hemmte, doch wenigstens mit Hemmung bedrohte. Nein, es sollte durchaus glücklich gehen, ich bekam nicht Raum zur kleinsten Beschwerde. Ach, und so ging es überall; ich hatte Hoffnungen, mein Vermögen einzubüßen, arm und elend zu werden, welche Aussicht! da tritt mein Freund auf und rettet mit eigener Ausopferung mein Geld, und es bleibt mir gesicherter als jemals. Ein Jugendgespiele, an dem mein Herz hing, schien plötzlich den Verräther gegen mich spielen zu wollen; schon spitzte ich die Feder, ein poetischer Schmerz über die Unbeständigkeit alles menschlichen, edlen Gefühls erfaßte mich: da, in dem Moment, stürzt der Verkannte in meine Stube, es thut sich der Irrthum kund, mein Freund ist meiner Liebe doppelt würdig, und mit dem Gedichte war's aus. Ein Kaufmann oder sonstiger praktischer Weltmensch könnte sich nichts Besseres wünschen, als an meiner Stelle zu seyn, allein für mich, ich fühle es nur zu deutlich, ist dieses Glück ein

Fluch, der den innersten Keim meines Wesens vergiftet. Ich gehe herum wie einer, der an Gespenster glaubt und dem sich wider Willen unter der Hand alles natürlich und prosaisch auflöst. O wie trefflich ist die Antwort, die die Königin Elisabeth einem jungen thörichten Dichterling gegeben haben soll, als er ihr seine Verse vorgelesen: Sir, ich werde dafür sorgen, daß ihr auf ein paar Monate in den Tower kommt, damit eure Verse Tiefe erlangen! – Und so gibt es der dunkeln Kammern im Leben viele, wo der Dichter zum Bewußtseyn erwacht – mir nur, nur mir ist keine aufgeschlossen worden.«

Man langte jezt bei der Mühle an und die freundliche Müllerin erschien, ihren Gästen einige ländliche Erfrischungen zu reichen. Ottfried ließ sich in seinen Betrachtungen nicht stören. »Erst durch Schmerz,« fuhr er fort, »wird jedes Gut unser wahres Eigenthum; die erste Thräne löst das Siegel vom Herzen, an dem gewöhnliche Behaglichkeit vielleicht Jahrelang vergebens sich abgemüht hat. Lange wandeln wir herum und glauben zu lieben, zu verehren, zu empfinden – da, in der lezten Minute vielleicht unseres Lebens, beugt sich unser Herz einem endlosen Jammer, es spaltet sich, die erste Thräne stürzt heraus – und wir lieben! Geht es mit den Wundern der Andacht, des Glaubens anders? So schreitet auch unsere Zeit jezt einem großen Schmerze entgegen und dieser wird erst jenen heiligen Ernst gebären, mit dem unsere junge Reformatoren so voreilig schon prahlen. Mir fällt bei derlei Gedanken immer ein kleines Gedicht ein,

welches ich einst in Begeisterung für jene Ideen
niederschrieb; es lautet folgendermaßen:

Der nur lebt das wahre Leben,
Der nur Eines ewig denkt,
Der mit glüh'nden Liebesarmen
Sich an's Eine brünstig hängt.

Der ist nimmer nah' dem Ziele,
Der noch andre Lust vermißt;
Nein, nur der, der alles, alles
Um das Einzige vergißt.

Der in dunkeln Kummernächten
Tief gebeugt am Lager weint,
Dem die weite Welt so öde,
Oed sein eignes Herze scheint.

Der sich ganz verwalset achtet,
Der sich ganz verloren gibt,
Der im bittern Leid verschmachtet,
Der bis zum Sterben sich betrübt.

Ja, zu dem neigt es sich nieder,
In dessen Herzen zieht es ein,

Dem will es sich zu eigen geben,
Ja, dessen Tröster will es seyn.«

Eduard war tief bewegt, und bemühte sich nicht, seine
Rührung zu verbergen; Ottfried sah ihn lange an, dann
schloß er ihn heftig in seine Arme und sagte: »Mögen Sie,
theurer Freund, glücklicher seyn als ich! Ihr Auge, Ihr
ganzes Wesen sagt mir immer, daß Sie schon diesen
heilbringenden Schmerz gekostet haben – o seyen Sie
stark, wenn nun die ganze Fülle des Leids auf Sie
einbrechen sollte, um Sie durch Nacht und Dunkel zur
Verklärung zu bringen. Ja, ich wußte es wohl, daß Sie
mich verstehen würden; so genügen oft wenige Worte, um
ein festes Band zu schließen zwischen zwei Menschen, die
sich sonst rücksichtslos vorbeigegangen wären auf dieser
weiten Erde.« Eduard suchte die Hand des Mannes und
drückte sie warm, dann erhob er sich und trat zurück, denn
es nahte der Baron mit zwei fremden Gestalten. Er ging
auf sein einsames Zimmer, und zeichnete die Verse auf,
welche ihn so sehr gefesselt hatten. Als sie auf dem Papier
dastanden, wollte er sich wiederum jeden Eindruck
ableugnen, sie kamen ihm höchst gewöhnlich vor und das
Geheimniß, welches sie ihm früher enthalten zu haben
schienen, war am Ende eine Bemerkung, die ihm äußerst
bekannt dünkte. Er schalt sich, daß er von Ottfried's Wesen
sich so gleich habe einnehmen lassen, die Worte desselben
erschienen ihm jezt fast lächerlich, besonders das
Verlangen nach Mißgeschick. In diesem Zwiespalt, der

141

sich seines Wesens gewöhnlich nach jedem stärkern Eindruck zu bemächtigen pflegte, brachte er den übrigen Theil des Tages zu; am andern Morgen vermied er Ottfried und suchte geflissentlich Sophien auf, um sich auf ihre Kosten zu ergötzen. Des Grafen erinnerte er sich auf's lebhafteste und wünschte ihn und seine Gespräche zurück; so arbeitete er an sich, bis wieder die alte Kälte an die Stelle der aufkeimenden Wärme getreten war.

Zu dieser Zeit kam Sophien's Bestimmter auf's Schloß; es war ein langer, ziemlich wohl aussehender Mann in einem schwarzen Ueberrock, der ihm bis auf die Fersen reichte, und den er, als er den Schloßberg hinausschritt, hoch aufgeschürzt und um den Leib festgebunden hatte, so daß er auf den ersten Blick fast wie ein Jägerbursche aussah. Der Journalist nahm ihn sogleich bei Seite und examinirte den Ermüdeten scharf über seine politische Ansicht.

»Lassen Sie mich;« rief der Pastor, indem er athemlos auf einem der breiten Lehnsessel Platz nahm, »das Bündniß, das ein redlicher Mann mit dem Staate schließt, ist eben so zart wie eine Herzenssache, und wer spricht gern von seiner Braut mit Leuten, die über ihren Werth anders denken könnten; übrigens bin ich ja da, Friede und Eintracht zu predigen allezeit, und schon deswegen würden Sie nichts aus meinem Munde erfahren, was zu Ihrem Kram paßt.« –

»Himmel,« rief der Journalist, »wie kann man sich nur so ganz simpel ausdrücken! von welchem Kram reden Sie? Mann, Mann, wissen Sie nicht, daß Ihre Kirche selbst auf blutgedüngtem Boden aufsproß und sich festigte.« –

»Wohl,« entgegnete der Geistliche, »das Aergerniß muß kommen, doch wehe dem, durch welchen es kommt; es wäre besser, ihm hinge ein Mühlstein am Halse und läge im Meere, da wo es am tiefsten ist.« Der Baron warf einige Bemerkungen dazwischen, die einen ernsten Streit verhinderten, und wirklich gelang es ihm, den Pastor zu einem gutmüthigen Lächeln zu bringen. »Uns Landprediger,« sagte er, »sieht man gewöhnlich im Leben als die beschränkte, leidlich-gesunde Mittelmäßigkeit an, und als solche treten wir auch in Büchern, Romanen und Novellen auf, wenn es sich um Glauben, Philosophie und Lebensgenuß handelt. Eben so weit entfernt von den herrschenden Zepterträgern der hohen Aufklärung, wie sie zur Verzierung großer Residenzen hie und da gefordert und verschickt werden, als von den überirdischen Schwärmern und Wunderthätern, geht unsre Einsicht und Lehre Hand in Hand mit den niedern, immer wiederkehrenden Bedürfnissen des einfachen Menschen. Der liebe Gott auf dem Lande, der Pfarrer im schwarzen Rock und der Bauer in der rothen Sonntagsweste sind drei Personen, die nicht zu trennen sind, und die sich gegenseitig ehrlich lieb haben, und zusammen bedenken, was zum Bau des Ackers, zur Saat und Erndte nöthig. Wenn einer von ihnen stirbt, so muß nothwendig der andere seine Stelle ersetzen; ja mir sagte einmal ein Bauerbursch in aller gutmüthigen Einfalt: ›Herr Pfarrer, wenn der liebe Herr Gott krank wird und stirbt, so wird man gewiß im Himmel Euch zum lieben Gott machen.‹ Der Baron lachte herzlich über diese Worte, und jener fuhr fort: ›Doch möchte ich die hohe Stelle dort oben heutzutage am wenigsten einnehmen, wo es so bunt in der Welt zugeht und Niemand weiß, was er will. Wie leicht könnte es seyn, daß ich meinen lieben französischen Kindern ein Schicksal gebe, worüber sie in allen Journalen lästerten, und indeß ich eilte, es ihnen recht zu machen, verdürbe ich es mit einer andern Partei. Aus Furcht nun, ja keinen dummen Streich zu machen, würde ich recht viele begehen, denn ich muß bedenken, daß Leute wie der König Salomo, der alte Plato und der Imperator August im Himmel hinter mir stehen und mir auf die Finger sehen. O ganz verdammt böse Sache! Da könnte ich wohl in der Uebereilung, wenn das Ding nicht gleich ginge, wiederum das alte Meer über den ganzen Wirwarr hinspülen lassen, wo dann freilich geholfen wäre. Nein, nein, es bleibe beim Alten, und es herrsche der, vor dem alle Kreatur fleucht und dessen Fußschemel die Erde ist. – Als ich noch studirte, und die erste Kunde von den fürchterlichen, ewig denkwürdigen Revolutionstagen aus Frankreich an unser Ohr scholl, da war keine Seele, die sich nicht empört auflehnte gegen die frechen Satzungen, mit denen der bandenlose Uebermuth gegen die bestehenden Formen ankämpfte. Der Deutsche war in Liebe und Einigkeit mit seinem Lande verwachsen, in Verehrung für sein Fürstenhaus; die gränzenlose Albernheit und die frivolen Formen, die aus jenem Lande der Unnatur und des Leichtsinns kamen, hatten nur eine höchst geringe Anzahl Bekenner für sich, und unter diesen traten nur solche als Sprecher auf, die entweder den deutschen Charakter nie begriffen hatten, oder die Ehrgeiz und Leidenschaft zu Verräthern stempelten; wir Uebrigen ließen es geduldig geschehen, daß man unsere Köpfe puderte und frisirte, unsere Röcke nach französischen Mustern verschnitt, doch Herz und Hirn blieben unverrückt und unverfälscht dem Lande, das wir liebten und das unsere Liebe verdiente, getreu. Es mochte wohl schwerlich damals in allen deutschen Gauen ein Deutscher gefunden werden, der an einem so anti-deutschen Charakter, wie der jenes großen Mannes war, Gefallen gefunden, geschweige denn, zu dieser perfiden Abgötterei sich herabgelassen hatte, in der jetzt ein sich selbst und alles Wahre und Edle verkennender Hause wahrhaft wüthet. Schlimm, sehr schlimm steht es, wenn ein Mann der Held einer Nation werden kann, dessen Charakter eine kalte, folgerechte Verknüpfung von Lüge und Selbstsucht war, und dieser Mißgriff konnte von einem Volke gethan werden, welches zu Grundzügen seines Wesens Treue, Anhänglichkeit, Wahrheit und Liebe hat. Zwar der Götze ist gestürzt, doch es fehlt nicht an neuen Ausgeburten eines kranken Geistes, die auf den Altar gehoben werden, um die verführte und verblendete Menge in immer regem Taumel zu erhalten.‹« Der Journalist hatte sich erhoben, und drohte mit der Rolle Zeitungsblätter, wie entrüstet, dem Sprecher, der ruhig in seiner Rede fortfuhr: »Es thut wahrlich Noth, daß wir den Himmel bitten, daß er uns demüthige, damit die Welt wieder glauben lerne; denn wo keine Andacht, keine Verehrung mehr herrscht, wo dreiste Klügelei jede Autorität wegspottete, darf, kann man wohl da etwas anders erwarten, als Elend, Verderben, tiefe Erniedrigung? In meiner Jugendzeit vereinigte sich Schule und Erziehung, jene Einheit zu befestigen, in der das Leben seinen Stützpunkt findet; es wurde vor allen Dingen ein guter ökonomischer Haushalt mit dem Leben gelehrt, daß man nicht zu frühe mit der Lebenslust fertig werden möchte; auf der hohen Schule zeigte man dem Jünglinge die Wissenschaft und Kunst in ihrer spröden jungfräulichen Herbigkeit, und ließ erst nach und nach ihre Süße ahnen; Strenge und Arbeit waren Gesetz – die großen Poeten und Philosophen thronten, gleich Königen, unzugänglich für den großen Haufen, im Heiligthum ihrer Studierstube, und dort reichten sie dem demüthig nach Belehrung dürstenden Schüler kostbare goldene Aepfel in silbernen Schalen dar.«

»Ach ja – freilich wohl!« nahm der Baron das Wort mit gerührter Freudigkeit – »damals – damals hatten wir ja unsern großen einzigen Dichter noch – er war der Mann unsrer Liebe und Verehrung. Damals ging am Hofe der Fürsten ein feines Gespräch um. Ich weiß es ja noch, und wenn ich daran denke, muß ich noch lächeln – damals, als der Treffliche seinen Faust geschrieben hatte, der alle deutschen Gauen in Flammen setzte, schrieb ich ihm im Namen von fünfzig engverbrüderten Jünglingen, er möchte doch den Mephistopheles die tolle Wette nicht gewinnen lassen; demüthig baten wir darum, denn es sey zu herrlich anzuschauen, wie der himmlischteuflische Kampf vom genialen Meister siegend zum Lichte hinaufgeführt werde. Was erfolgte? – nach einigen

146

Wochen lief ein eigenhändiges Schreiben vom Dichter ein, worin er uns scherzhaft versicherte, daß er uns zu Liebe in einer so bösen Sache nichts entscheiden könne, und daß er es für's Gerathenste halte, wenn ein jeder Leser nach seiner Eigenthümlichkeit sich das Ende selbst hinzu dächte. Und so ist es auch geblieben – der Herrliche hat sein Schauspiel nicht beendet.«

»Kann es wohl etwas Trostloseres geben, als den Werther?« rief der Journalist heftig; »ist es wohl möglich, die Verirrung so weit zu treiben, den Leuten glauben machen zu wollen, solch ein Charakter sey edel, stark, wahr? Ich finde nur Einen Gesichtspunkt, in welchem betrachtet dieses Produkt Leben und Wahrheit einigermaßen erhält, nämlich der Leser muß annehmen, der junge Mann tödte sich nicht aus Liebes-Verzweiflung, diese hat meinetwegen auch einen großen Theil an seinem Tode, sondern der eigentliche Grund desselben sey die bewußt gewordene Ohnmacht, das uns allen vor Augen stehende ewige Räthsel unseres Daseyns zu lösen. Aus innerem Zwiespalt und Lebensüberdruß flüchtet er in's Nichts. So nur kann ich Seelengröße und Selbstmord vereinigt denken, und von dieser Seite angesehen, gewinnt die Fabel Bedeutung, indem durch sie jene Stürme angedeutet worden sind, die bald darauf durch alle Länder dahinbrausen sollten, und die zu beschwören die heutige Welt berufen scheint. Das gewöhnlich angenommene Motiv des Werther'schen Mordes ist aber so siegwartisch schwindsüchtig-weichlich, daß sich im Ernst kein poetisch kräftiges Gemüth darein verlieben kann.« Ottfried war hinzugetreten und rief: »Wenn Sie doch, Theuerster, nicht von Poesie reden wollten, deren Wesen und Gehalt Sie nun einmal durchaus nicht begriffen haben! Wie ein schöner Park nicht dazu dienen kann, eine Stadt zu befestigen und Thürme und Mauern entbehrlich zu machen, eben so wenig sollte ein Politiker von Poesie reden; genug, daß man ihm zugibt, daß seine Kanonen, Mörser, Säbelklingen und Deputirten-Kammern, sammt allem kriegerischen Löschpapier nothwendige Uebel sind, da sollte man sich doch zufrieden geben, und uns unsern Theil lassen.« – »Schon wieder ein großer Irrthum,« rief der Zurechtgewiesene; »nur die höchste Einseitigkeit kann das Leben und seine Erscheinungen in starre Klassen theilen wollen. Dieses ist die Quelle so vielen Streits und Elends unsrer Tage, daß nämlich ein Theil der Menge sich ausschließt und behauptet, die Sache gehe ihn nichts an. Jeder und alle müssen vereint wirken, wenn die Aufgabe genügend gelöst werden soll.« – »Thun Sie, was Sie wollen,« sagte Ottfried empfindlich; »nur kann ich es nicht leiden, daß unser großer Dichter getadelt wird, und von Leuten, die nicht werth sind, ihm die Schuhriemen aufzulösen.« – »Mit einer einseitigen Bewunderung,« nahm der Journalist das Wort, »kommen wir heutzutage nicht weit. Das Repräsentiren einzelner Geister hat aufgehört, und an die Stelle ist die begeisterte Wirksamkeit Aller getreten; die Gesammtheit hat Stimme erhalten, und in dieser findet die Poesie, wenn sie sich aussprechen will, ihr würdiges Organ. Fragen wir doch, was denn jener große Geist, dem es vergönnt war, in so mancherlei Beziehungen auf's Ganze zu wirken, was er denn Treffliches geleistet? Wo sind die löblichen Einrichtungen, die der Staat ihm, seinem ersten Staatsmanne, verdankt, was hat eine Generation, die bittend zu ihm hinaufsah, von ihm zur Förderung und Feststellung der edelsten und schönsten Menschenrechte gewonnen? Auf welche Weise wucherte er mit dem Schatze, der in erläuterter Wissenschaft und Kunst ihm anvertraut worden? Die Antwort ist: um sein eigenes Selbst zu verherrlichen, um seinem Haupte die Krone aufzusetzen, that er Alles, was er that. Selber der Fürst seines Fürsten, übte er die heilloseste Geistesdespotie über seine ganze Zeit aus, die zu schwach und verweichlicht war, um dieses Joch zu fühlen und abzuschütteln.« Eine Pause entstand, während welcher Ottfried sich, im höchsten Grade verstimmt, abgewendet hatte; endlich sagte er: »Es hört ja aller Streit sogleich auf, wenn man die Poesie als eine milchende Kuh betrachtet, und dafür sieht unsere Zeit freilich alles Edle und Große an.«

Zum Glück trat jetzt der junge August herein; er kam aus der Residenz und brachte Nachrichten und politische Blätter mit. Der Journalist eilte auf ihn zu; der Geistliche wollte den Zeitpunkt benutzen, und mit seiner kleinen Braut einige herzliche Worte wechseln, doch sie fand Gelegenheit, ihm zu entschlüpfen und der Gruppe zuzufliegen, die sich um ihren Bruder bildete. Der Pastor nahm mit einer Miene der Resignation eine Priese und that einen mächtigen Zug aus der Kaffeetasse.

Den nächsten Tag hatte Eduard dazu bestimmt, an dem Bilde fortzuarbeiten; er nahm es hervor und erschrack davor, wie vor einer Erscheinung. Aus bleichen schroffen Zügen sahen ihn in einem kranken Antlitz zwei erloschene Augen mit dem höchsten Ausdruck des Schmerzes an. War das das schöne achtzehnjährige Mädchen, waren das die Formen, denen er Anmuth und edle Größe nicht absprechen konnte. Sorgsam verdeckte er das Bild und ließ er sich nachtragen auf's Schloß. Er wurde in's bestimmte Gemach geführt, es war leer; nach ein paar Sekunden erschien eine Kammerfrau und führte ihn zur Fürstin hinüber, diese empfing ihn freundlich und bedauerte, daß eine kleine Unpäßlichkeit das Fräulein verhindere, zu erscheinen. Unschlüssig, was er thun solle, ging unser Freund in den Saal zurück. Er setzte sich an's Bild, um daran zu ändern, doch je mehr er versuchte und übermalte, desto lebhafter fühlte er, wie er vom Urbilde sich entfernte; mißmuthig legte er den Pinsel nieder. Tiefe Stille herrschte im Gemache; Magdalenens Lieblings-Papagei hing im goldenen Käficht und sah ihn mit klugen Augen an, indem er sich langsam in seinem Ringe hin- und herbewegte, und zuweilen durch die warme Stille des Gemachs einen lauten Schrei that. Der Mittag lag auf den geöffneten hohen Fenstern, und nur von Zeit zu Zeit wölbte ein Luftzug die schweren rothseidenen Falten der niedergelassenen Vorhänge. Eduard stand am Pfeiler gelehnt und schaute auf die in der Schwüle daliegende Natur, dann verließ er den Saal, und betrat, in Gedanken vertieft, die daran stoßenden Gemächer. Immer weiter und weiter wandelnd, gelangte er in ein mit Sammetteppichen bekleidetes Eckzimmer, eine in der Tiefe des Gemachs ertönende Spieluhr zog ihn weiter, und endlich blieb er vor einem Bilde stehen, welches die Prinzessin darstellte, von einem vorzüglichen Künstler gemalt. Eine Uhr schlug in den inneren Gemächern, Eduard hörte nichts, jetzt wandte er sich aus seinen Träumen nach der Thüre um, da stand sie – Magdalena – groß, in weicher Stellung gebogen an die Thüre gelehnt. Einen Moment blieben sich beide stumm gegenüber; Eduard konnte den Blick des großen blauen Auges, das mit einem unaussprechlichen Ausdruck auf ihm ruhte, nicht ertragen, er erhob seine Stimme, um sie anzureden, da plötzlich stürzte mit einem kurzen, kaum hörbaren Laut das schöne Bild zusammen, und lag leblos da auf dem rothen Teppich des Bodens. Der dumpfe Ton, mit dem das Haupt auf dem Absatz der Schwelle niederschlug, hallte durch die tiefe Stille, und preßte dem erstarrten Jünglinge einen Schrei des Entsetzens aus; er stürzte nieder, fing den Busen und das von den aufgelösten bleichen Locken umspielte Antlitz in seinen Armen auf, und schaute in trostlosem Schmerze auf die gebrochene Gestalt nieder. Endlich hob sich die leblose Brust wieder, ein langer, aus der Tiefe des gepreßten Herzens aufzitternder Seufzer brachte das entflohene Leben zurück, doch noch lag auf den geschlossenen Augen, auf den marmorgleichen Zügen der Ausdruck eines unendlichen Schmerzes. Die Bewegungen des Busens wurden heftiger und ließen den Ausbruch eines Krampfes fürchten; in Besorgniß und Angst preßte Eduard seine heiße Hand ihr unter die Brust. Jetzt erwachte die Arme, und ein Strom von Thränen rann auf die weiße Atlasrobe herab; der besorgte Jüngling leitete sie zu dem nächsten Armstuhl, dort lispelte sie einige Worte des Danks, und ein bittender Wink sprach den Wunsch aus, sich allein zu sehen. Er gehorchte augenblicklich, im Vorbeigehen hob er ein kleines einfaches Kreuz auf, welches sich von einer Kette am Busen des Fräuleins gelöst hatte; betäubt und an allen Sinnen erregt, langte er auf seiner einsamen Stube an. Seiner Aufmerksamkeit entging es, daß alles im Hause wild durcheinander lief, daß Verwirrung und Bestürzung der Gemüther, selbst des Barons sich bemächtigt hatte; die Thüre hinter sich abschließend, warf er sich auf sein Ruhebett, und Thränen quollen unwillkürlich aus seinem Auge. Wie ein zündender Strahl kam ihm jetzt der Gedanke, jenes kleine Bild auszuführen. Er arbeitete bis in den sinkenden Abend unausgesetzt, und als er es vollendet hatte, waren es Magdalenens Züge, die jene umschauende Gestalt zeigte; sie war es – der hohe siegreiche Wuchs, die Fülle der hellen Locken, dem Nacken entflatternd, so eilte sie dahin, und in dem rückschauenden Auge lag jener wunderbar schmerzliche und doch beseligende Blick angedeutet, den sie auf ihn geheftet hatte. Ein tiefes Weh zog durch seine Brust, er preßte beide Hände gegen das Antlitz, und eine Stimme, leise, aber durch alle seine Pulse zuckend, klang: »Warum verfolgst du mich?« Ja, er fühlte es, er liebte, liebte das Mädchen, das er mit so schneidender Kälte verfolgt – sich selbst marternd, hatte er ihren weichen Busen gemartert, ihr edles Herz zerfleischt.

Ottfried's Worte vom Schmerz, jenes Liedchen, die bewußtlosen Träume und Bilder, die ihn bis jetzt verfolgt, endlich der fürchterliche Augenblick, wo er das angebetete Mädchen in der Qual ihres gebrochenen Herzens niederstürzen sah – Alles stürmte jetzt auf ihn ein, und wie ein Kind weinend, warf er sich in seinen Stuhl, und zitternd, im ungemessenen Ausbruche des ersten tiefen Gefühls, flogen seine Glieder. Immer und immer tönten die Worte:

»Warum verfolgst du mich?« Immer wieder traf jener Blick in sein Herz, immer von Neuem vernahm sein Ohr den dumpfen gebrochenen Laut, mir dem sie niederstürzte; seine Marter erstieg den höchsten Gipfel. Die Nacht kam auf leisen Fittichen, die Sterne zogen hinauf, noch immer lag er im Sessel. Armes, armes, süßes Mädchen! Du konntest in der gemißhandelten warmen Brust das Bohren des kalten Dolches nicht länger erdulden, es warf die Kälte des Freundes dich, eine Leiche, zu Leichen, dein schöner Leib schlug zu seinen Füßen nieder! Wider deinen Willen sollte dein brechendes Auge das seinige öffnen. Wie kalt, wie arm, wie dürftig lagst du da, und dennoch gegen deine Engelglorie wie höflich, wie elend stand ich da in der Verzerrung meines Innern, ausgehöhlt von kalten Hohn gegen alles Edle und Schöne, was die Erde trägt. Ich Thor, erschlossen glaubte ich mir schon jede Erdenseligkeit, auf den Höhen des Lebens meinte ich gewandelt zu haben, und stehe als Neuling geblendet vor den ausfliegenden Thoren eines nie geahnten Paradieses. Sie liebt mich! Du liebst sie! O seltsames, schmerzliches Räthsel – habe ich

153

nicht oft geträumt, zu lieben? in süßer Trunkenheit suchten im Kusse sich die Lippen, Auge entzündete sich im Auge, und ein kurzer Schmerz drückte das Erwachen aus; – hier aber greift der Schmerz zuerst in das Leben, vernichtend, entsetzlich! o Magdalena, Magdalena! –

Sturmwolken trieben am Himmel hinauf und verhüllten den Glanz der Gestirne, ein Gewitter ließ sich in leisen, dumpfen Schlägen vernehmen, und gestaltlos feurige Scheine flogen am Horizonte hin. Eduard hatte seinen Blick fest auf's Schloß gerichtet, er suchte eifrig das Fenster des Gemachs, wo ihn heute das Schicksal erfaßt hatte, um sein ganzes Leben plötzlich umzugestalten. Die Zimmer waren dunkel, doch weit davon, wo die Gemächer der Prinzessin begannen, leuchtete noch ein einsames Licht durch rothe Vorhänge, wie ein feuriges Auge durch die Nacht, herüber. An diesem Lichte sitzt sie, in Träume versenkt, rief er bei sich, auch ihre Seele flieht der Schlaf, die süße Ruhe auf immerdar! Auch ihr geht in Ahnungen dein erwachender Liebesmorgen auf. Das Wetter zog näher, und die schwülen Töne rollten jetzt dumpf die tiefe Leiter hinab, heller zuckten die breiten zerfließenden Strahlen. Die Gerüche der Blüthen unter dem Fenster, von der Schwüle entzündet, verbreiteten fast betäubende Düfte, die Luft selbst war ein heißer Athem, der sich vergeblich zu kühlen strebte an der Stirn, dem Busen des armen Jünglings. Die Erschütterung seines Wesens ging jetzt in tiefe Ermattung über; er entschlief auf dem Ruhebette, und indeß die Gewitter sich über seinem Haupte entladeten, glaubte er im Traume finster drohende

Stimmen über sich zu vernehmen. Er erblickte Gestalten über sich, die zusammentraten, um über ihn Gericht zu halten; es erschien Emiliens Bild, dann schütterte ein ungeheures Krachen dicht neben ihm nieder, ein gelber Schein füllte das Gemach! Entsetzen faßte ihn, er sah das Schloß in vollen Flammen stehn. Mit der Schnelligkeit des Sturmwindes flog er die wohlbekannten Wege hinauf, durchlief die Gemächer, welche von einem ungeheuern Angstruf widerhallten, und drang mitten in's Getümmel. Wehende Schleier, fliehende Gestalten, zugeschleuderte Thüren, qualmende Rauchwolken und züngelnde Flammen warfen sich ihm in den Weg; durch sie alle fand sein Fuß den Weg – und dort, dort im rothen Gemach – dort lag sie noch auf dem Sessel, wo er sie verlassen, eine bleiche niedergeknickte Lilie, das Haupt in die Arme geschlossen, von der Glut der Flammen blaßroth angehaucht. Mit riesiger Kraft umfing er den schönen Leib, der süße Busen, von einem Gott mit dreifacher Glut durchströmt, küßte auffliegend seine heiße Wange, sein Auge trank Reize, die sein innerstes Mark berauschten, und der Wahnsinn der höchsten Leidenschaft spielte mit dem Moment des Todes. Nirgends ein Ausgang! Flammen wie Säulen umstanden, zu einem Tempelrund geschlossen, das trunkene Paar – da war es ihm vergönnt, in einem Kusse zu sterben. – Geständniß und Erhörung krönten sich gegenseitig; in dem Moment krachten die Balken der Decke zusammen, und unser Freund erwachte aus seinem Traum. Die abgekühlte nasse Luft strich durch's Gemach – der Mond, aus dem zerissenen Wolkenmeer sich erhebend, warf seinen Blick auf das ruhig daliegende Schloß und die friedliche Gegend.

Als Eduard hinunter zur Familie kam, erfuhr er den Grund des gestrigen Aufruhrs, – Sophie war mit dem Journalisten entsprungen, und man mußte glauben, daß die Flüchtlinge ihren Weg nach der Residenz genommen; doch war es eben so wahrscheinlich, der Zeitungsschreiber habe seine Beute mit in sein Vaterland, in die Schweiz, entführen wollen, wo, wie man wußte, seine Familie einige Besitzungen inne hatte. August war beauftragt worden, mit einigen Knechten den Flüchtlingen nachzusetzen, denn es ließ sich erwarten, daß das ungewöhnlich starke Gewitter in der Nacht ihre beschleunigte Reise bedeutend aufgehalten haben mußte. – Der Baron hatte anfangs lebhaft gezürnt, doch jetzt schien ihm die Hoffnung gewiß, die Entflohenen wieder einzuhaschen; er saß in seinem Armstuhl am Fenster, und begrüßte unsern Freund mit einem trüben Lächeln. »Das ist,« rief er, »ein Stückchen vom neuen Regime, so äußert sich diese interessante Wuth: wahrlich, ich werde noch müssen für meine alten Tage eine bezahlte Pflegerin annehmen, um nicht elend zu verkümmern, denn meine eigene Tochter läuft als Marketenderin in die Reihen der Unsinnigen.« Der Geistliche ging ebenfalls mit bekümmerter Miene im Gemach auf und ab, indem er von Zeit zu Zeit das Haupt schüttelte; nach einer Pause begann er: »Höchst seltsam! das Uebel fing so gering an, sie zupfte Charpie für die armen unterdrückten Freiheitler; zwar bemerkte ich, daß allemal die Woche ein Pfund mehr von diesen heilsamen Fäden durch ihre artigen Finger zerzaust wurde, allein welcher prophetische Geist hätte dergleichen Dinge vorher sagen mögen!« – »Trösten Sie sich,« rief der Baron seinem alten Freunde zu; »besser, daß sie jetzt entlief, als daß sie als ihre Gattin sich in die weite Welt flüchtete, wo sie dann vielleicht noch gar ihre Perücke mitgenommen hätte, die sie nie hat leiden mögen.« Der Pastor sah seinen Freund und Gönner mit großen Augen an, erwiderte aber nichts, sondern sah wiederum mit bekümmerten Blicken hinaus auf die vorbeiführende Landstraße. Eduard ließ die beiden Alten bald allein, seine glühende Seele vernahm nur halb, was um ihn vorging, es trieb ihn die Sehnsucht in's Schloß. Die Fürstin ließ ihn vor sich und theilte ihm mit, daß Magdalena seit gestern sich unpäßlich fühle, und daher die heutige Malerstunde aufgegeben werden müsse. Eduard stand wie vernichtet, er entfernte sich mit einer stummen Verbeugung; auf dem Zimmer angelangt, vertraute er seines Herzens Geheimniß einem Papier, welches Magdalenens Zofe zur heimlichen und sicheren Bestellung erhielt. Jetzt waren die Pforten des Tempels gesprengt, und Glanz und Segen überströmte den Glücklichen; eine neue Sonne stieg am Horizonte empor, und verklärte sein verarmtes Leben. Am Abend erschien die treue Zofe, und leitete unsern Freund auf einem verborgenen Pfade in das Zimmer ihrer Gebieterin. Da saß sie, auf den Polstern des Divans hingegossen, das goldene Haar aufgelöst, in ein fast klösterliches weißes Gewand eingehüllt, dessen reiche Falten auf den Boden niederflossen, eine Thräne blinkte in ihrem Auge, als sie den Glücklichen hereintreten sah. Auf einem mit schwarzem Tuch bedeckten Tische stand ein Kruzifix, von zwei hohen Wachskerzen eingefaßt, deren Flammen im Abendwinde spielten. »Magdalena,« rief Eduard und stürzte zu ihren Füßen, »wunderbares, heiliges Mädchen, warum hast Du mich nicht früher in deinen Himmel schauen lassen, warum gegen mich diese Kälte, diese Verachtung? – Doch, ich Wahnsinniger, verdiente ich etwas Anderes? War ich es nicht, der verblendet und verführt, dieses überreiche Herz von mir stieß, war ich es nicht, der den nichtswürdigsten Verläumdungen mein Ohr lieh?« – »Eduard!« flüsterte Magdalena und neigte sich zu dem Verzweifelnden herab, »keine Selbstanklage! es ist genug, die Prüfungszeit ist vorüber, der Himmel wollte, daß ich auch den letzten bittersten Trank bis auf die Hefe leeren sollte; ach, ich Elende, ich vermochte es nicht, meine Kraft brach, und ich zeigte Dir ein schwaches Herz. Ja, mein edler Freund, auch Du solltest mich verkennen, auch von Dir sollte ich verdammt werden, gleich wie die Welt mich verdammt und lästert! Doch es ist vorbei, und meine Seele fliegt im jubelnden Gebete himmelwärts.« Sie beugte sich nieder, und der entzückte Jüngling, keines Wortes mächtig, umschloß mit glühenden Armen die jungfräulich Erbebende. Der Nachtwind spielte in den rauschenden Falten der Vorhänge, und drohte die Kerzen auf dem Tische zu verlöschen. Magdalena entzog sich dem Kusse des Freundes, die leidenschaftliche Glut des

Moments glitt an der reinen Höhe ihres Wesens nieder. Hoch aufgerichtet, die Hand auf den Tisch gestützt, stand sie da, und staunend sah der Jüngling an ihr hinauf. »Eduard,« rief sie nach einer Pause mit einer ernsten feierlichen Stimme, »Eduard, folgen Sie nicht dem Erdgeiste, der uns beide umstricken will, der Augenblick ist heilig, er gießt die Weihe über zwei Menschenleben aus! Eduard, bei dem Erkennungskusse, den unsere Seelen sich heute zugehaucht, bei dem Siegesfeste unserer Liebe! – bei den ewigen Gestirnen, die ihre prophetischen Kreise in diesem Moment über unser Haupt beschreiben, und endlich bei diesem Bilde, das hier aufgerichtet zwischen uns steht – geloben Sie mir einen theuern Eid – geloben Sie mir, hinfort nur für Gott und die Freiheit zu leben! Eduard! Die Stimme unterdrückter Völker tönt an Ihr Ohr! Die edelsten Rechte der Menschheit fordern Ihren Arm zum Vertheidiger, die unterdrückte Unschuld fleht zu Ihrem Männerherzen; Sie sind ein Mann, in Ihre Rechte gehört das Schwert; Feigheit wäre es, sich mit taubem Ohr wegzuwenden vom allgemeinen Jammer. Eduard, geloben Sie es mir, hinführo für Gott und die Freiheit zu leben, und wenn ein Dank eines Weibes Sie beglücken kann, so soll es der meinige.« Sie schwieg und mit einem seligen Lächeln blickte sie auf den Freund nieder. »Magdalena,« rief dieser, »mein früheres Leben sinkt in diesem Augenblick vor mir herab; alles, was ich hoch und schön genannt, es hat seinen trügerischen Glanz verloren, die junge Sonne dieser Stunde gibt mich einem neuen Leben hin, führt mich in die Arme der reinsten Liebe, des

Glaubens, der Tugend: soll ich da noch anstehen, ihren segensreichen Strahlen zu folgen, wohin sie mich auch immer rufen? Ja, göttliches Mädchen, Dir will ich gehorchen, ein thatenloses armes Daseyn möge sich in ein kräftiges reges Wirken umgestalten, an Deiner Hand, durch Deine Leitung. Ich schwöre für Freiheit, Gott und mein Vaterland zu leben.« Magdalena war niedergesunken, das weiße, sie umfließende Gewand breitete sich in weiten Falten um sie herum, sie neigte ihr Haupt auf die gefalteten Hände, eine tiefe Pause herrschte im Gemach; Eduard beugte sich zu ihr herab, sie leise, aber innig umfassend, wandte er das zarte, goldgelockte Oval sanft zu sich über. Mit niedergeschlagenen Augen und noch gefaltenen Händen duldete die schöne Gestalt den glühenden Verlobungskuß, den er ihr aufdrückte.

Unser Freund verlebte jetzt paradiesische Tage; es war ihm ein Bedürfniß, glückliche Menschen um sich zu sehen, und deßhalb bekümmerte es ihn, daß im Hause des Barons noch immer keine befriedigende Nachrichten wegen der Flüchtlinge eingelaufen waren. Es schien, als wenn ihre Spur sich plötzlich unter die Erde verloren hätte, denn im ganzen Umkreis des Schlosses sowohl als auf den Stationen der verschiedenen Straßen hatte man sie weder beherbergt, noch ihnen begegnet. Es neigte sich der dritte Tag schon zu Ende und ein paar abgeschickte Boten kamen ebenfalls unverrichteter Sache zurück, da zeigte sich August, der von seinen gewöhnlichen Streifereien im

Forste heimgekehrt war, mit besonders heiterer Miene. Er winkte Eduarden zu sich, und flüsterte ihm in's Ohr, daß er sich jetzt getraue, die Schwester zu finden, er wüßte gar wohl, wo man sie verborgen habe, und wenn Eduard die Entdeckungsreise mitmachen wolle, so stehe er ihm für den besten Erfolg und außerdem für vielen Spaß. Unser Freund entschloß sich, dem jungen Kadetten zu willfahren; es wurden noch an demselben Nachmittag Anstalten ingeheim getroffen, der Pastor, der von der neuen Hoffnung etwas erlauscht hatte, schloß sich den beiden Jünglingen an, und so gingen sie in den benachbarten Forst. Unterwegs that der lebhafte August sein Geheimniß kund, er hatte es nämlich vor dem Vater verbergen müssen, daß er auf seinen Gängen im Walde ein hübsches Bauermädchen entdeckt habe, mit welcher es dem bildschönen lustigen Jägerburschen eben nicht schwer geworden war, ein Liebesverständniß anzuknüpfen. »Es war damit,« erzählte er, »ganz so, wie es in jenem Liedchen von der schönen Müllerin heißt, sie kam auch, in des Morgens Frische ihr liebes Angesicht zu baden, indeß ich hinter dem nächsten Baum auf meine Flinte gelehnt dastand, und ihr zusah. Ich werde es nie vergessen, wie ich damals den ersten Kuß von einem Mädchen erhielt, wie ich mit meinen Lippen ihre vom Bade nassen und kalten Wangen erwärmte, und ihre volle kleine Gestalt mit meinem Arm umschloß; es ist wahrlich schade, daß ich sie euch nicht zeigen kann, doch pflegt sie mit ihrem Vater erst später nach Hause zu kommen. Von ihr nun hab' ich es erfahren, daß meine gute Schwester hier im Walde sich verbirgt, und der Journalist mit seinen Freunden in der Residenz correspondirt, um einen Wagen herkommen zu lassen, in welchem es ihm dann leicht möglich wird, die nahe Gränze zu erreichen, ohne die Stadt und die bekannten Wege zu passiren. So gut als gewiß ist es, daß heute der Wagen angelangt ist, und wenn er nun aus dem Walde eilen will, so muß er hier vorüber und läuft uns dann gerade in die Arme. Es gilt also nur, ein Stündchen hier zu warten, wozu der freundliche, schöne, von Sonnenschein und Vogelgesang belebte Waldplatz ohnedieß einladet. Aber was geschieht da unserm Pastor?« Der Prediger war während des Gesprächs vorausgeeilt, an einen kleinen Abhang gerathen und trotz seiner großen Vorsicht hingestürzt, jedoch ziemlich glücklich bei nachgleitenden Rockschößen auf dem Sande in die Tiefe niedergefahren; als Eduard und August dem verschwindenden Manne nacheilten, fanden sie ihn schon unten angelangt und zwei Bauerburschen beschäftigt, die ehrwürdigen Amtskleider auszuklopfen und auszustäuben. Jetzt war man im Thale, wo die geschwätzige Mühle ihre Räder mit einem heimlichen Rauschen trieb, als erzähle sie den jungen Waldbäumen uralte wundersame Mährchen; das Häuslein selbst lehnte so schmeichelnd zärtlich mit seinen grünen umsponnenen Fenstern an der hellen Felswand, daß den beiden Jünglingen das Herz aufging und sie ihre Arme dagegen ausbreiteten. Der Kadet warf sich an die Brust seines älteren Freundes, und zog ihn auf die kleine Bank nieder, auf der er mit seiner Marie so oft gesessen hatte; indeß ließ sich der Pastor von seinen beiden klopfenden und stäubenden Dienern in ein nahes Gebüsch führen, wo neue Reinigungsversuche mit frischen Baumzweigen vorgenommen werden sollten. Der Abend war entzückend schön; das Gold der niederflammenden Sonne lag im matten Purpurglanz auf dem klaren Spiegel des Baches, hier und da zogen sich brennend rothe Streifen über den dunkeln Waldteppich, und noch ferne spielten die bunten Lichter wie hinflatternde Vögel auf den zurücktretenden Baumstämmen. »Lassen Sie uns ein Bad nehmen,« rief August, »das Wasser muß äußerst erfrischend seyn, mich dürstet nach der Fluth.« – Eduard ließ sich bereden, beide Jünglinge warfen ihre Kleider ab, und wählten sich den tauglichsten Platz zum Einsteigen. Endlich entdeckten sie ein Plätzchen, auf dem ein paar junge Pferde weideten und sich das gute Futter trefflich schmecken ließen. Kaum hatte sich August dem Wasser vertraut, und die frischen Wellen flogen im Schaum gespalten um seinen Leib, als der Pastor, welcher, unter einem Baum ruhend, zurückgeblieben war, ein Zetergeschrei erhob. In dem Moment hörte man das Gerassel eines Wagens, den Huf der Pferde, und es zeigte sich eine leichte Reisechaise, die dem Ausgange des Waldes mit großer Eile zuflog; ein Herr und eine Dame hatten drinnen Platz genommen. »Sie sind's!« schrie der Kadet, und mit einem Sprunge an's Ufer setzend, schwang er sich im Augenblick auf eines der Pferde und jagte, ohne Umhüllung, wie er war, in die Waldnacht hinein, dem fliehenden Wagen nach. Er holte ihn bald ein, zwang die Rosse, still zu stehen, und hielt nun von seinem Pferde herab eine Strafpredigt der wiedergefundenen Schwester: »Wie war es Dir möglich, Sophie, uns alle in Schreck und Bestürzung zu versetzen? War es denn nicht viel natürlicher und passender, daß Du Deiner Stellung als Tochter eingedenk, dem Vater Dein Herz ausschüttetest, oder mir, Deinem Bruder, der Dir doch, wie Du weißt, auf das treueste zugethan ist; und Sie, Herr Doktor, wir hätten uns viel eher des Himmels Einsturz vermuthet, als diesen Schritt von einem Manne, der so viel von Recht und Gerechtigkeit spricht.« Sophie fand für gut, während dieser Worte ihr Gesicht mit beiden Händen zu verhüllen, sey es nun aus Bestürzung, Schmerz und Buße, oder um sich dem Anblick ihres nackenden Bruders zu entziehen, der in seinem Eifer gänzlich den Zustand, in dem er sich befand, vergessen zu haben schien. Auf der andern Seite des Wagens hatte sich der Pastor aufgeschwungen, und drang ebenfalls mit glühenden Worten auf die beiden Schuldigen, so daß der Journalist, der lange mit der Lorgnette bald links, bald rechts hinausgeschaut hatte, endlich sich überwunden gab und versicherte, er wolle nun umkehren, um sein Schicksal und das seiner Braut in die Hände des Alten zu legen, der im Ernste nicht ihrem Glücke entgegen seyn könne. Nach dieser Erklärung ward dem Kutscher befohlen, umzukehren, der Pastor bat um einen Platz im Wagen, und August, der unterdeß schleunig in die Kleider geschlüpft war, stieg hinten auf. So ging der Zug wie im Triumphe zurück in's Schloß, wo er natürlich höchst unerwartet eintraf.

Eduard machte den Weg zu Fuß; es war ihm ein Bedürfniß, in der Einsamkeit über die plötzliche Umgestaltung seines Innern einen klaren Blick zu gewinnen. Magdalenens Wünsche, die für ihn Gebote waren, schienen ihn jetzt in eine öffentliche Wirksamkeit rufen zu wollen. Er fühlte Kraft und Muth zu einer solchen in seinem Busen keimen, seine im müßigen Gefühlswechsel dahingebrachte Jugend drückte ihn mit dem Bewußtseyn der Schaam: dennoch wurde ihm der Beruf, den er jetzt wählen sollte, nach allen seinen Richtungen hin nicht klar. Die herrschenden, zum Theil sehr dunkeln Ideen, welche ihm aus Jedermanns Munde entgegentönten; die Worte Freiheit, Volksrecht, Deutschthum, und die Ansichten darüber, welche an der Tagesordnung waren, hatte er bis jetzt als Quelle so vielen Elends, so allgemeiner Verirrung immer möglichst weit umgangen; jetzt, schien es, wurde es erforderlich, sich eng mit ihnen vertraut zu machen, ja sogar selbst thätig bei dem Streite mitzuwirken, den man leider vor Augen sah. Er hoffte aus Magdalenens Munde nähere Erläuterungen ihrer Ansichten und Wünsche in Betreff seiner zu erfahren, ihm genügte das süße Bewußtseyn, daß ein edles hohes Wesen sich des Inhalts seines Lebens bemächtigt hatte, um aus diesem Stoffe ein würdiges Gebilde zu formen.

Aus diesen und ähnlichen Betrachtungen weckte ihn Ottfried's Erscheinen, der ihm am Ausgange des Waldes entgegentrat. Nach einigen flüchtigen Bemerkungen über die wiedereingeholten Reisenden theilte der ältere besonnenere Freund die Empfindungen, die den Busen des jüngeren bewegten. »Sie sind glücklich, Eduard,« rief er mit einem warmen Händedrucke; »wer gönnt Ihnen dieses Glück wohl mehr, als ich? dennoch, Geliebter, ist mein Herz nicht frei von Besorgnissen für Sie. Erlauben Sie mir nur eine Frage, mißdeuten Sie mir diese nicht: Kennen Sie auch dieses wundersame Mädchen?« – »Welche Frage;« rief Eduard bestürzt, »daß ich Sie liebe, glühend liebe, beweist ja wohl, daß ich sie kennen muß! O nur zu lange habe ich diesen Engel verkannt.« Ottfried schwieg und blickte zur Erde. Eduard faßte ihn scharf in's Auge: »Sie wollen mir etwas sagen, Freund, Ihre Zunge, scheint es, weigert sich, das Wort auszusprechen – reden Sie frei, nichts Schlimmeres können Sie von diesem Mädchen sagen, was ich nicht selbst in meinem Wahn von ihr geglaubt, gesagt habe, drum reden Sie frei!« – »Nun wohl,« entgegnete Ottfried, »man sagt mit ziemlicher Gewißheit, daß das Fräulein des Fürsten –« Eduard unterbrach seinen Freund: »Still,« rief er, »still – Mann der Wahrheit, auch Sie können einem so elenden Gerüchte Glauben beimessen, auch Ihnen ist die Heilige, die sich zum Sünder herabläßt, nichts als eine gemeine Buhlerin? Ist's möglich!« Ottfried blieb kalt bei diesen Vorwürfen des Freundes, stumm wandelte er an seiner Seite, und ließ den leidenschaftlichen Jüngling seinem begeisterten Gefühl Worte leihen; dann entgegnete er mit gleicher Ruhe: »Wenn ich jetzt rede, so thue ich es mit schwerem Herzen, denn ich muß fürchten, von dem Gegenstand meiner Neigung und Achtung verkannt zu werden, dennoch rede ich. Hören Sie, was man noch für gewiß behauptet: Das Fräulein ist ein Werkzeug in den Händen politischer Schwärmer; sie ist in geheimer Mission am Hofe, um den Fürsten und seine Anhänger zu stürzen, sie in dem Ansehen beim Volke herabzusetzen, und den ersten, vom Thron zu entfernen.« – »Genug,« rief Eduard, »genug von den tollen Mißverständnissen und finstern Verläumdungen, die von Unverständigen dem unruhigen Haufen mitgetheilt werden. Lassen Sie mich dergleichen nie wieder hören, theurer Freund, ich verachte dieß Geschwätz. Wie, ist nicht die Wiedervereinigung des Fürsten mit seiner Braut ein Werk des Fräuleins? ist die moralische Wiedergeburt jenes gewissenlosen Mannes nicht durch sie erzeugt? Sind Milde, Aufopferung, Güte, Geduld, Glaube und Andacht die Eigenschaften eines verderbten Sinnes, der sich zum Werkzeug niedriger Zwecke brauchen läßt? Ottfried, o wenn Sie in dieses klare Auge sehen dürften, so hineinschauen dürften, wie ich es darf, nie würden Worte der Art mehr über Ihre Lippen kommen! glauben Sie mir!« Die Freunde hatten jetzt das Schloß erreicht, und indem sie im Begriff waren, hinaufzusteigen, wandte sich Ottfried noch einmal zu seinem jungen Begleiter um; eine Thräne glänzte in seinem Auge, seine Stimme zitterte, als er die Worte sprach: »Erinnern Sie sich der Stelle im Liede: ›Nur wer sich ganz verwaiset achtet, nur wer sich ganz verloren gibt, nur wer im heißen Weh verschmachtet, wer bis zum Sterben sich betrübt,‹ nur bei dem zieht die ewige Verklärung ein; o Freund, wenn einmal dieser furchtbarste aller Schmerzen über sie einbricht, wird ihre junge Seele ihn ertragen können? wird sie Kraft genug behalten, um dann sich dem ewigen Lichte zuzuschwingen?« Er umarmte Eduarden, und entfernte sich dann schnell. Als der Gewarnte sich auf seinem einsamen Zimmer befand, dachte er über jene Worte nach, doch sie schienen ihm ein Räthsel zu seyn, dessen Lösung er in Ottfried's trüber, oft seltsamer Stimmung suchen zu müssen glaubte.

Sophie und ihr Geliebter waren vom Baron über alle Erwartung gnädig aufgenommen worden, und es hatte allerdings den Anschein, als habe der Journalist auf die Willfährigkeit des Alten in Betreff der Erfüllung seiner kühnen Plane nicht mit Unrecht gezählt. Alles im Hause ließ sich wiederum zu Freude und Lust an, als ein neuer unerwarteter Vorfall die größte Bestürzung erregte. Man erfuhr nämlich, daß sich die Prinzessin rüste, so bald als möglich das Schloß zu verlassen und das, wie es schien, auf immer. – Die Beweggründe dieser Abreise, die wie eine Flucht aussah, wußte Niemand mit Bestimmtheit anzugeben, doch gab es hier und da Vermuthungen, die nur leise ausgesprochen werden durften; man raunte sich in die Ohren, die fürstliche Verbindung gehe zurück, der Herzog habe seine erwählte Braut auf das Empfindlichste gekränkt, und sie eile jetzt den Ihrigen zu, welche gewiß nicht unterlassen würden, die erwiesene Schmach auf das Strengste zu rächen. Zur Verbreitung dieser Meinung hatte der Journalist viel beigetragen, denn er gab vor, die genauesten Nachrichten von seinen Freunden erhalten zu haben; man maß ihm völligen Glauben bei, um so mehr, da das geheimnißvolle Wesen, welches jetzt auf dem

Schlosse umging, ein Unheil dieser Art nur zu deutlich zu bekunden schien. Zwei fremde Kavaliere, anscheinend von sehr hohem Range, waren angekommen, und die von ihnen mitgetheilten Briefe und Aufträge mußten in dem Entschluß der Fürstin jene auffallende Aenderung bewirkt haben, welche die ganze Umgegend, die mit Liebe und Verehrung an der so höchst liebenswürdigen Dame hing, in Trauer versetzte. Der Leibarzt war zu der plötzlich Erkrankten gerufen worden, und so viel Mühe man anwandte, alle diese Ereignisse der Umgebung zu verschweigen, hatte doch Neugier und Theilnahme Mittel gefunden, hinter den verhüllenden Schleier zu dringen. Eduard war natürlich einer der Ersten gewesen, der an der Seite seiner angebeteten Magdalena nach der Lösung des Räthsels geforscht, doch die Geliebte selbst zeigte ein durch diese trüben Vorfälle so verwundetes Gemüth, sie war augenscheinlich so heftig erschüttert und bewegt, bat ihren Freund so zärtlich, ihrem Busen nicht ein Geheimniß entwinden zu wollen, an dessen Bewahrung sie so schwer trage, daß dieser nicht weiter in sie drang, sondern sich begnügte, mit ihr zusammen das Schicksal anzuklagen, das sie einer teilnehmenden edlen Freundin beraubte, in dem Moment, wo beide sich entschlossen hatten, aus dem Bunde ihrer Herzen kein Geheimniß mehr zu machen. Es war festgesetzt worden, daß die Oberhofmeisterin und zwei junge Damen die Prinzessin begleiteten, Magdalena jedoch sollte in Gesellschaft ihrer Tante noch einige Tage zurückbleiben.

Die endlich erfolgende Abreise war ein allgemeines Trauerfest; obgleich die Anstalten so getroffen worden, daß man in der Stille den Pallast verlassen konnte, so hatte sich trotz dessen eine große Menge Landvolks eingefunden, welches mit Gewalt darauf bestand, des Anblicks der hohen Frau theilhaftig zu werden. Einige Männer vom Amt aus dem nächsten Städtchen, die ehrwürdigsten Greise des Dorfes umstanden den Reisewagen, den Schloßhof; und als nach Verlauf einer Stunde die Prinzessin erschien, begrüßte sie allgemeiner froher Zuruf; man ging so weit, sie daran verhindern zu wollen, den Wagen zu besteigen; Greise, Männer, Kinder und Frauen drängten sich um die hohe Gestalt, ihr Gewand zu küssen und sie mit den rührendsten Bitten zu beschwören, das Schloß nicht zu verlassen, denn es hätte sich das Gerücht verbreitet, sie wolle auf immer scheiden. Die Fürstin zeigte sich innig bewegt bei den Beweisen so herzlicher Anhänglichkeit, sie ließ Geschenke austheilen, nahm auf das Huldvollste Abschied, und konnte nur so zu ihrem Zwecke gelangen, indem sie laut erklärte, daß sie bald wieder zu kommen hoffe. Der alte Freiherr stand mit entblößtem Haupte zur Seite des Wagens, und sie hineinhebend, benutzte er die Gelegenheit, die ihm gereichte Hand mit dankbaren Küssen zu bedecken. Ottfried, Sophie und der Journalist erhielten ebenfalls freundliche Zeichen der Huld und Gnade; August hatte es sich nicht nehmen lassen, in seiner glänzenden Forstuniform auf einem schönen Rosse die edle Fürstin bis aus dem Dorf hinaus zu begleiten, und so ging endlich der

Zug der Wägen, von einem Schwarm der Landbewohner gefolgt, durch das Dorf der nahen Gränze zu. Eduard, dem die Abreisende sich besonders freundlich bezeigt, empfand es schmerzlich, daß seine geliebte Magdalena sich im Augenblick der Trennung nicht blicken ließ; der Schmerz, die Unruhe dieser Tage hatte sie jedoch so angegriffen, daß sie das Zimmer nicht verlassen zu dürfen behauptete. Der Baron, Ottfried, Sophie und der Journalist gingen in tiefster Niedergeschlagenheit ihrer Wohnung wieder zu, die ihnen jetzt so verwaiset und verödet vorkam. – »Muß denn jede schöne Hoffnung auf Glück und Frieden heutzutage zu Grunde gehen!« rief der alte Freiherr, indem er sich eine Thräne aus dem Auge drückte; »ich glaubte nun in meiner Einfalt, im Dienste dieser über Alles theuren und verehrten Frau meine Tage zu beschließen, und nun wird sie uns so plötzlich und auf eine so dunkle, seltsame Weise geraubt. Wer bürgt uns dafür, daß sie wiederkommt; sie selbst schien daran nicht zu glauben, als ihr Mund mit schmerzlichem Lächeln es uns versicherte. Ach, wer zählt die Leiden, die sie in ihrem Leben schon erfahren, und die sie mit vieler Fassung, mit so edler Geduld trägt; ich habe das Recht, über sie ein Wort zu sprechen, denn mir war es vergönnt, schon an ihrer Wiege zu stehen, der Zeuge ihrer aufkeimenden Tugenden zu seyn; freilich, die Gabe irdischer Schönheit war ihr nicht gegeben, auch nicht jener gefällige Glanz, der den Sinnen schmeichelt, aber die himmlischen Schätze der Demuth und Liebe lagen wie reines Gold in ihrer Brust.« – »Zum Glück,« rief der Journalist, »bleibt uns das Edelfräulein, die wohl würdig ist, ihre Stelle zu vertreten!« – »Auch sie dauert nicht lange bei uns aus,« seufzte der Baron, »auch sie geht!« Ottfried schwieg, er wollte seine Ansicht über des Fräuleins Charakter nicht laut werden lassen, obgleich ihr Nichterscheinen bei'm Abschied ihm ein Beweis mehr schien, daß diese Abreise und die Trennung des schon angeknüpften Bundes ihr Werk war. »Wer weiß es uns zu sagen,« nahm der Journalist wieder das Wort, »wen diese Mauern jetzt wieder in ihrer Mitte empfangen werden? Beim Alten bleibt es nun einmal gewiß nicht, möchte nur das Neuere auch das Bessere seyn; wir gehen einer ungewissen Zeit entgegen.«

Eduards einsame Stunden füllten jetzt die reizendsten Pläne, die entzückendsten Aussichten; er dachte daran, wie er sein Leben gestalten wolle, um es würdig zu führen an der Seite seiner Magdalena. An Emilien, an Gotthold waren Briefe geschrieben worden, die das schon längst als aufgelöst betrachtete. Verhältniß vollends zernichteten. Er war willens, in Civil- oder Militärdienste zu treten, je nachdem die Lage der Dinge ihn überzeugt haben würde, an welchem Platze er schicklicher die Ideen, die ihn jetzt beseelten, in Wirksamkeit übertragen könnte. Magdalena sah mit gerührter Theilnahme den Eifer, den der Geliebte zeigte, ihren Anforderungen Genüge zu leisten, doch zeigte sich stets in den Stunden, die Eduard seine glücklichsten nannte, eine seltsame Befangenheit bei ihr. Der Jüngling glaubte das Beben dieser schönen Seele zu errathen, wenn er bedachte, daß sie seinetwillen einen verhüllenden Schleier dulde, dessen die Tadellose stets in ihrem Leben für ihre reinen Handlungen nie bedurft hatte. In diese Träume versenkt, störte ihn eines Abends der junge Forsikadet, der in sein Zimmer stürzte: »Eine Neuigkeit!« rief er, »eine saubre Neuigkeit – es spukt oben im Schlosse! ja, ja, Sie können es nur glauben, Eduard, es spukt, und schon heißt es allgemein, daß des Gespenstes wegen die Fürstin so schleunig fortgegangen sey.« Der muntre Jüngling ließ sich jetzt in einen umständlichen Bericht ein, dessen Schluß war, daß er den Geist in Gestalt eines, in ein graues Wamms gekleideten Mannes selbst erschaut, als er in der Dämmerung heute den Schloßverwalter, der in den obern Gemächern zu schaffen gehabt, aufgesucht. »Er wandelte an mir dicht vorbei,« erzählte der Geisterseher, »ohne daß ich das leiseste Geräusch eines Trittes wahrnehmen konnte, und verschwand im Corridor, der zu den Gemächern des Fräuleins und ihrer Tante führt. Schon vor einigen Tagen habe ich von den Schloßknechten dergleichen erzählen gehört, doch lachte ich darüber; heute aber, versichere ich Sie, wandelte mich ordentlich ein kleines Grausen an, ich gestehe es zu meiner Schande, denn wenn wir es untersuchen, so wette ich, daß sich der Spuk in eine bloße und vielleicht recht läppische Täuschung auflöst.« Eduard mußte ihm versprechen, eines Abends in seiner Gesellschaft dem seltsamen Wandler aufzulauern und ihn zur Rede zu stellen.

Als beide Jünglinge hinuntergingen, kam ihnen Sophie mit einem besonders heitern Gesichte entgegen. »Sie haben, mein Freund,« sagte sie zu Eduard, »die Epoche meiner Trauer, meiner kleinen Verirrungen mit erlebt, es ist billig, daß Ihnen der freudige Schluß des Romans nicht verborgen bleibe: ich heirathe, heirathe den Doktor, der gute Alte hat eben seine Zustimmung gegeben; wir bleiben für's Erste hier wohnend, doch unter der Bedingung, daß nicht von Politik die Rede sey.« Eduard ergriff Sophiens Hand und drückte sie herzlich, indem er seinen Glückwunsch aussprach. »Sie sind sehr teilnehmend und gütig,« fuhr die Braut fort, »ich nehme Ihren Glückwunsch geradezu als eine Prophezeihung an, denn welchem Mißgeschick sollte ich jetzt wohl noch entgegengehen? Der Geliebte, dem ich angehöre, zählt sich zu der Klasse von Menschen, bei denen heutzutage offenbar die richtige entscheidende Ansicht zu treffen ist, und so bin ich ruhig; meine Stellung im Leben und gegen die Gesellschaft ist gesichert und festgestellt, meine Achtung für mich selbst ist durchaus begründet, denn ich hätte es mir nie vergeben können, wenn ich anders gehandelt hätte.« – »Und was wird aus dem Pastor?« fragte Eduard. »Es ist ein trefflicher Mann,« erwiderte Sophie, »dem ich mich herzlich verpflichtet fühle; treu jenen alten biedern Gesinnungen seiner Tage hat er auch jetzt, da er deutlich wahrnahm, daß es meinem Glücke gelte, nicht einen Moment gezögert, mit seinen Ansprüchen zurückzutreten, und denen meines Bräutigams noch das Wort zu reden; er selbst wird unsere Trauung verrichten, die in diesen Tagen vor sich gehen soll.« Kaum hatte Sophie diese Worte geendet, als Ottfried, der Journalist und der Prediger im heftigen Zank hervortraten. Der Journalist hatte wiederum Angriffe auf Ottfrieds gefeierten Dichter gemacht, und durch diese den Poeten und den Pastor in Zorn gesetzt. – »Was wollen Sie mit Ihrem ächtdeutschen Charakter?« schrie Ottfried, »was soll ich unter dem vagen Begriff von Deutschheit, Deutschthum verstehen? Ist unser großer Dichter kein Deutscher? Kein vaterländischer?« – »Nein,« entgegnete der Journalist ruhig, »denn er hat kein Vaterland!« – »Eine neue, seltsame Behauptung!« rief der Pastor kopfschüttelnd. – »Und nennen Sie es mir,« setzte der Doktor eben so ruhig hinzu, »wie heißt es, wo liegt es? Ist's etwa das kleine Ländchen, in dessen Hauptstadt er ein Haus, einen Garten besaß, ist's das Gebiet jener Stadt, in der er das Licht der Welt erblickte? Ist nicht eben so gut Frankreich, Italien, das alte Griechenland, England, der Norden wie der Süden Europa's, sammt dem Orient, sein Vaterland?« – »Ich fasse Ihre Ansicht,« rief Ottfried, »Sie zielen auf die große Objektivität unsres Poeten, und ist es nicht diese gerade, mit deren Hülfe es ihm gelang, so mächtig zu wirken, wie er gewirkt hat, indem er, mit einem Bilde zu reden, die Perlen aus dem Meere, das bunte Geflügel der Luft, die schimmernden Erze der Tiefe, die Gewächse fremder Zonen alle zusammen vereinigt hat, um sie aus seinem goldenen Füllhorn dem mit ihm lebenden Geschlechte vorzuschütten. Alles Schöne und Treffliche einer Zeit, ja diese Zeit selbst kommt nur durch den Mund der Dichter auf die Nachwelt; sie sind das Organ, und die mannigfaltigsten Richtungen des Geistes vereinigen sich hier, um in einem tönenden

Prophetenspruche offenbart zu werden. In dieser
Beziehung schreiben Dichter die Geschichte, und in
diesem Sinn wird für das entfesselte Verständniß die
Geschichte zum Gedicht.« – »Ich trete vollkommen Ihrer
Ansicht bei,« rief der Journalist, »doch um den Poeten mit
einer solchen weltgeschichtlichen Würde zu bekleiden,
muß er einen festen Standpunkt haben, von welchem aus
es ihm möglich wird, seine Bestimmung nach allen Seiten
hin zu erfüllen; er muß sich als Glied einer Kette fühlen,
aus der er nicht herausstrebt, sondern die er nur fester
verbinden hilft; mit einem Wort, der Poet muß ein
Vaterland haben. Geziemt es dem Denker, frei von
umschränkenden Verhältnissen der Gegenwart, dem Ziele,
das er sich über alle Zeit hinausgesteckt hat, auf dem
Wege einsam grübelnder Betrachtung nachzugehen; so
sitzt der Dichter, ein Genosse seiner Zeit, auf dem bunten
Markte des Lebens da; er leidet, kämpft und siegt mit den
Leidenden, er jubelt mit den Jubelnden, und beständig
wandelt der bewegte Zug vor seinem Auge vorüber;
Wolken, Sonne, die ganze vaterländische Natur sieht man
als Hintergrund zu seinen Gemälden; er ist eben so wenig
von dem Lande, wo er geboren, zu trennen, als Duft und
Farbe von der Rose zu scheiden ist, denn die Liebe, die
Achtung seiner Mitbürger ist die Nahrung, mit der die
Wurzel seines Daseyns sich sättigt, der feste Grund der
allgemeinen Wohlfahrt ist der sichere Boden, auf dem er
fußt. Nähme man dem Poeten sein Vaterland, so nähme
man seiner Harfe den Klang. Erscheinen nicht die großen
Epiker und Dramatiker der Griechen, von diesem

Standpunkt aus gesehen, so großartig? Stehen nicht Ariost, Dante, der Dichter der Nibelungen, der große Britte und endlich unser deutscher Sänger des Messias hierin als Muster da? – Der letztere ist der Dichter der Nation, bei ihm findet man deutsches Wort, deutschen Glauben, deutsche Vaterlandsliebe und Innigkeit.« – »Sie mögen Recht haben,« nahm Ottfried das Wort, »die Poesie wie alle andern freien Künste sagten sich in unserer Zeit von dem nächsten Bedürfniß der gegenwärtigen Zeit los, sie will keinem vorgeschriebenen Zwecke dienen, und verlangt, selbstständig dazustehen, und diese Selbstständigkeit hat sie erlangt, seitdem sie aus dem Stande unbewußter Kraft herausgetreten, und an der Hand der Kritik sich auf ihren jetzigen Standpunkt geschwungen hat. Heutzutage muß nun natürlich die Stellung eines großen Dichters eine andere seyn; er findet bei seinem Erscheinen eine völlig eingerichtete Welt, die seiner nicht bedarf, er muß also, um auf seine Weise wirksam einzutreten, sich der Laune Einzelner anschließen, abgesehen davon, ob diese Einzelnen sich in seinem Geburtslande oder am entfernten Pol befinden; um seine innere Unabhängigkeit zu behaupten, muß er in eine äußere Abhängigkeit sich fügen, und statt des kleinen Bodens, den er früher in Liebe und Treue mit seinen Mitbrüdern theilte, öffnet sich jetzt ihm die ganze Welt. Der sinnliche, mit Gesang begabte Naturmensch, der früher den Dichter machte, vereint sich heutzutage mit dem forschenden Denker, und diese Beiden, im Bunde mit der Kritik, bringen jene große Weltanschauung hervor, die

177

wir bei'm Genius unseres großen Dichters bewundern, und durch die er auch bei allen kommenden Jahrhunderten leben wird, indeß der Poet, der die vorüberrauschenden Interessen der Zeit nur auffaßt, längst vergessen ist. Und am Ende, was bleibt dem Dichter, wenn es ihm nicht erlaubt wird, über den kleinen Streit die niedrigen Armseligkeiten, mit denen der Bürger der Staatsgesellschaft sich abquälen muß, hinweg zu fliegen und hinauf zu streben?« – »Wem alle diese Dinge nur Erbärmlichkeiten scheinen,« rief der Doktor heftig, »wem der Glaube seiner Väter, der Heerd seiner Ahnen, die Liebe seiner Zeitgenossen nur Gegenstände der Reflexion, nicht des Herzens sind, freilich, der hat Recht, sich von Allem loszusagen, und von der kalten Höhe des Berges herab zu erklären, daß er die Dinge zu seinen Füßen nur höchst klein und unbedeutend finde.« – Der Pastor nahm das Wort und sagte: »Ich habe, so sehr ich auch den Sänger des Messias verehre, doch nie rechtes Gefallen an seinen spröden, kalten Vaterlandsliedern finden können, ja sogar, Gott verzeih mir die Sünde, der gute Herrmann und seine Cherusker sind mir ordentlich etwas abgeschmackt erschienen, und Gleim hat für mich weit mehr Wärme und Begeisterung.« – »Ich sehe,« rief der Journalist, »für die Poesie nur Ein Heil, nämlich sie muß sich entschließen, den eingebildeten hohen Standpunkt, die kalte Höhe, auf der sie sich doch nicht wird erhalten können, zu verlassen, um sich wieder an die einfachen Bedürfnisse der Menschen anzuschließen, sonst geschieht, was durchaus nicht ausbleiben kann: daß sie entweder auf dem Wege der

Reflexion sich selber zerstört, oder dem kalten Indifferentismus anheimfällt, der sie schonungslos zernichtet. Sehen wir sie nicht in den Versen unserer neuesten Dichter diesem drohenden Verderben schon ganz nahe? – Wir, wir eilen, ihr wieder Haus und Vaterland zu geben, der hülfelos herumirrenden bieten wir die sichere Stätte, das schützende Obdach.«

Sophie unterbrach den Diskurs, indem sie ihren Bräutigam zu einem Spaziergange aufforderte, Ottfried gesellte sich mit dem Pastor zum Baron, und Eduard eilte, von der vertrauten Zofe gerufen, hinauf in Magdalenens Zimmer, wo die Geliebte ihn bereits einige Zeit erwartet hatte. Sie kam ihm mit einem bezaubernden Lächeln entgegen, in ihrer Hand schwebte ein Papier, welches sie auf einen der Tische niederlegte und den Jüngling zu sich auf's Sopha zog. »Schelten Sie nicht, theurer Eduard,« lispelte sie, »wenn ich jetzt eile, meine schwärmenden Träume in Wirklichkeit zu verwandeln; die Zeit ist reif für unsere Pläne, es könnte leicht ein günstiger Augenblick versäumt werden; entschließen Sie sich, mein Freund, dieses Papier hier dem General Erlfeld, der sich jetzt gerade in der Residenz befindet, zu überbringen; erforschen Sie dessen Inhalt nicht, ersparen Sie mir ein Erröthen, wenn Sie erführen, wie kindisch besorgt um Ihr Wohl die zaghafte Seele Ihrer Magdalena ist. Versprechen Sie mir, die Bogen nicht zu entfalten, bei unsrer Liebe, bei diesem Kruzifix versprechen Sie mir das.« – »Magdalena,« erwiderte Eduard, »Sie wissen ja, daß Ihr Wunsch ein Befehl ist, wozu also noch ein Gelöbniß, ich reise, und wann darf ich wiederkommen?« Das Fräulein sank mit einem Kuß an die Wange des Jünglings, sie schien ganz Zärtlichkeit und Rührung, und eine Pause verging, ehe sie sich fassen konnte. »Wir müssen uns trennen, auf wenige Tage, Freund meiner Seele!« hauchte sie in schmachtenden Tönen, »das erste Wort, welches Sie mit meinem Verwandten, dem General Erlfeld, sprechen werden, wird Sie überzeugen, daß ich ein paar schmerzliche Tage ihre Gegenwart entbehren muß, doch verspreche ich Ihnen, Sie hier zu erwarten.« Eduard erfaßte ihre Hand, und seine in weiche Stimmung sich ergießende Seele gab ihm die süßesten, schmeichelndsten Worte des Danks und der Zärtlichkeit ein; Magdalena erwiederte seine Liebkosungen, doch war in ihrem Wesen heute mehr, wie jemals, die Befangenheit zu spüren, die störend auf den Geliebten zurückwirkte; er blickte manchmal wie fragend in's große blaue Auge, wie zu einem räthselhaften Stern hinauf. Als die Abschiedstunde schlug, zog er, von wunderlichen Träumen getrieben, die zarte schöne Gestalt mit sich an's offene Fenster, vor dem die ganze Landschaft sich im Mondenglanz verklärend ausbreitete. »Mädchen meiner Liebe,« rief er mit Ernst und doch mit schmerzlichem Lächeln, »wisse, daß, wenn Du mich täuschtest, mein Leben ein verlorenes wäre; nur einmal vermag es der Mensch, mit voller, jugendlicher Kraft und Zuversicht den Glauben zu erfassen, irrt ihn da ein Trugbild, so sinkt er auf ewig in Ohnmacht dahin!« – »Eduard!« rief Magdalena, und sah den Jüngling mit befremdetem, fast zürnendem Blicke an; »es ist nichts,«

rief dieser, und warf sich, wie in Reue vergehend, an ihre Brust, dann stürzte er fort.

Beim Herausgehen traf er in den unrechten Corridor, als er ihn hinabeilte, sah er bei ungewissem Lichte eine Gestalt ihm entgegen kommen, er hielt Stand und ließ sie an sich heran, denn er meinte, es sey Ottfried; doch als die wandelnde Figur gerade den Streifen des Mondlichts durchschnitt, sah er eine fremde seltsame Kleidung, die keinem Bewohner der heutigen Welt anzugehören schien. Eduard kannte keine Furcht; er trat beherzt näher, da glitt die Gestalt rasch an der Mauer hin, und dem Bestürzten war es, als blickten aus der Mantelumhüllung die Züge des Herzogs ihn an. Als er sich von seinem Befremden ermannte, war der nächtliche Wandler schon in der Tiefe des Ganges verschwunden.

Von den Furien eines fürchterlichen Argwohns erfaßt, konnte der arme Jüngling nicht lange in der dumpfen Stille seines Zimmers ausdauern; Ottfried's Winke, die Erzählungen August's vom Gespenste, die plötzliche Abreise der Fürstin, Magdalenens seltsames Betragen, Alles schien auf eine finstere, entsetzliche Katastrophe hinzuarbeiten; der Unglückliche entschloß sich, die gegenwärtige Stunde zur Entscheidung zu rufen. Mit einem Gefühl, das ihm das Herz zusammenschnürte, stieg er leise den wohlbekannten Gang hinauf in's Schloß, und nach wenigen Augenblicken stand er vor der geheimen Tapetenthür, durch die er stets in den Tempel seines Glücks eingeschritten war. Noch einen Moment zögerte er, sie zu öffnen, da glaubte er deutlich eine fremde Stimme im Gemach zu vernehmen, von einem Tritt seines Fußes flog die Wand zurück, und – der Herzog ward sichtbar, der sich aus den Armen des Fräuleins loswand. –

Der Sommer war dahingegangen, der Herbst streute seine falben Blätter in Garten und Flur, da hielt ein zierlicher Reisewagen vor dem Schlosse des Freiherrn, und Massiello zeigte sich darin, der gekommen war, den aus einer schweren Krankheit kaum genesenen Eduard zurück in die Residenz, zu seinen Freunden zu bringen. Man traf alle Anstalten, die blasse, zusammengesunkene Gestalt des sonst so blühenden jungen Mannes mit aller ersinnlichen Schonung und Sorgfalt zu hüten. August wollte sich von seinem Freunde durchaus nicht trennen, und bat sich darum einen Sitz im Wagen aus, den der Musiker auch mit Vergnügen ihm einräumte; der alte Baron und Ottfried vergoßen Thränen, als sie den liebgewonnenen, unglücklichen Jüngling von ihren Fluren scheiden sahen, die nunmehr gänzlich verwaiset blieben, da einige Zeit vorher der Journalist und seine junge Frau sie auch verlassen hatten, um in die Schweiz zu ziehen. Fräulein Magdalena und ihre Tante waren aus der Gegend verschwunden, man wußte nicht wohin.
Massiello's Plan mit seinem leidenden Freunde war, diesen der Residenz und allen jenen Plätzen, die alte schmerzhafte Erinnerungen wecken könnten, vorbeizuführen, und die Waldeinsamkeit aufzusuchen, wohin der Abt sich zurückgezogen hatte. Die Verwirrung

in der Residenz, der Umsturz bestehender Verhältnisse, ja sogar der Wechsel der Regierung, indem es nunmehr bestimmt ausgemacht war, daß Fürst Lothar den Thron verließ, hatten den Musiker und seinen Freund von der Ausführung ihres Reiseplans bis jetzt zurückgehalten, dafür sollte er jedoch nun, da sich die Aussicht zeigte, Eduarden zum Reisegesellschafter zu haben, die ernstlichsten Anstalten zum Aufbruch getroffen werden. Es war Mittag, als das bestimmte Wäldchen erreicht wurde. Massiello gab an, in welcher Richtung man es durchschneiden müsse. – Der Tag war ungewöhnlich heiß, erst als man tiefer in Schatten hineingerieth, wehte eine angenehme Kühlung, vermischt mit dem würzigen Dufte des Waldharzes, den Fahrenden entgegen; hier und da fielen einzelne Sonnenstrahlen durch die grüne Nacht, und spielten im Smaragdlichte auf dem Boden, Vögel flogen mit lachendem Gezwitscher über den Weg, die Rosse zogen den leichten Wagen wie im Spiel die Krümmungen des harten Waldweges fort. Jetzt hielt der Kutscher, und die Freunde stiegen aus, um auf einem Fußwege tiefer in's Dickicht zu dringen. Man vernahm rollende Passagen auf dem Fortepiano, und zugleich ward die Einsiedlerhütte bemerkbar, deren Thüre offen stand. Oben an der Hütte war ein purpurglänzender Papagey in seinem Goldringe aufgehängt, unten spielten im Sonnenstrahl zwei weiße Kaninchen. Der Abt saß in einem braunen herabfließenden Gewande, mit dem Rücken gegen den Eingang, am Instrumente, und spielte eine Sonate von Bethoven. Als er den Ankommenden entgegentrat, bemerkten die Freunde, daß er sich hatte einen Bart wachsen lassen, der seinem Gesichte nicht übel stand. »*Carissimo padre!*« rief Massiello, und schloß sich in die Arme des Erfreuten, indem er einige flüchtige Küsse auf den neuangeschossenen Bart drückte, »wie geht's? welches Befinden?« er trat gleich darauf an's Klavier, und spielte die fehlenden Bögen der Sonate vollends ab, indeß der Abt Eduard und seinen jungen Freund herzlich begrüßte. »Gewiß,« sagte er zu dem erstern, »wird dieser kühle Waldschatten sich wie eine liebe Vergessenheit auf Ihren Busen legen, und dem empörten Blute Milde lehren – und dann thun Reisen, Posthäuser, italienische Villen und neue Liebesbekanntschaften das Uebrige.« Eduard äußerte, daß er, seinem Schwure getreu, Dienste suchen wolle, und daß der Militärstand stets für ihn etwas Anziehendes gehabt habe. August jubelte über diesen Ausspruch und meinte, in dem Falle wolle auch er ein Bajonet an seine Flinte schrauben lassen. Man machte einen kleinen Spaziergang in den Wald hinein, indeß der Abt Einrichtungen treffen ließ, um seinen Gästen eine anständige Mahlzeit und ein gutes Nachtlager anbieten zu können. Eduard, der den andern etwas vorausgeeilt war, betrat nicht sobald die Landstraße, als er einen Wagen heranrollen sah, in dem ein Offizier und eine junge Dame saßen; sie waren so eifrig im Gespräch begriffen, daß sie den einsamen Wanderer nicht bemerkten, er aber erkannte ihre Physiognomien wohl: es war Robert und die Gräfin Eva. Massiello lief ihnen nach, indem er schrie und mit dem Tuch winkte, doch schon war der Wagen um die Ecke gebogen und verschwunden. »Da eilen Sie nun hin!« rief der Athemlose, »ihr Bestreben ist, uns in der Stadt aufzusuchen, um Abschied zu nehmen, und jetzt hören die zerstreuten Leute auf kein abmahnendes Wort; nun meinethalben, so mögen sie denn das leere Haus finden.« Eduard erkundigte sich nach Robert's Schicksalen und erfuhr, daß der Poet eine reiche Erbschaft gethan, und jetzt an der Seite der Gräfin, in der Uniform eines Maltheserritters, London zueile, wo er sich anzusiedeln gedenke. – »Die Erbschaft,« lächelte der Componist, »kam so zur rechten Zeit, daß unser Held ohne sie, von seinem vornehmen Beschützer verlassen, nothwendig in eine üble Lage hätte gerathen müssen; so aber scheinen die äußeren Schätze ihm immer voller zuzuströmen, je tiefer sein Gemüth in innere Zerrüttung und Armuth sinkt; ich sehe das verzweifelte Ende voraus, das er nothwendig nehmen muß.« – »Und wie geht's der kleinen Jokonde?« fragte Eduard, von einer wehmüthigen Erinnerung angehaucht. »Fragen Sie nicht nach ihr,« sagte Massiello mit weicher Stimme, indem er zu Boden blickte; »wollte der Himmel, ich könnte von ihr sagen, daß man sie eines Morgens todt am Strande des Meeres gefunden.« Eduard wurde merklich blässer bei dieser Antwort, er schwieg und eine tiefe Stille herrschte, während die drei Freunde den Weg zurück in die Einsiedlerhütte nahmen.

Man brachte den Abend trübe zu und ging zeitig zur Ruhe; als am andern Morgen sich die Freunde versammelten, fehlte Eduard in ihrer Mitte, er hatte sich in der Nacht leise fortbegeben, der Abt fand sein Taschenbuch, in dem ein kurzer Abschied eingezeichnet war, dann zog er ein Papier hervor, und es fand sich, daß es Magdalenens Brief war, den der Unglückliche bis jetzt bei sich getragen; Massiello entfaltete es, und las die Worte: »Theurer Oheim! den Ueberbringer dieses schicke ich Ihnen als einen Menschen zu, den ich für unsere Sache gewonnen habe, und den Sie überall brauchen können, nur nicht da, wo es Künste der Klugheit gilt, denn er hat die Offenheit und Ungeschicklichkeit eines Kindes. Der Fürst ist vom Throne und der Prinzessin geschieden, und geht in ein Asyl, wo er uns nicht mehr schädlich seyn kann. Fällt dieser Brief in unrechte Hände, so sind wir schon längst gesichert, und ich bin einen Ueberlästigen los, dessen Neigung, jetzt, da ich sie gewonnen, mich schon zu langweilen anfängt; mich dürstet nach einem neuen Wirkungskreis.«

Die Freunde legten das unglückliche Blatt hin und sahen einander mit schmerzlichen Blicken an. August lehnte, das Antlitz auf den Arm gebeugt, am nächsten Baum; er wollte es den beiden Männern verbergen, daß seine jugendliche Wange von Thränen befeuchtet war.

Ende

Romantipps

Der Nordische Bund führt Beitrittsverhandlungen mit den skandinavischen Ländern, was der Sowjetunion nicht verborgen bleibt. Finnland war es während des Großen Krieges gelungen, seine Unabhängigkeit zu erlangen – eine Tatsache, die dem sowjetischen Diktator Josef Stalin nicht gefiel. Also beschließt er, das östlichste skandinavische Land zu erobern, bevor es für die Sowjetunion durch den Bundesbeitritt für lange Zeit unerreichbar wird. Stalins Truppen fallen in die Grenzstadt Lappeenranta ein und versuchen von dort aus das ganze Land zu erobern. Offiziell rechtfertigt Stalin die Invasion damit, dass Finnland lange Zeit zum alten Russland gehörte und er es von den Weißgardisten befreien will. Tatsächlich geht es dabei aber ausschließlich um eine Erweiterung des sowjetischen Machtbereichs. Doch Stalin sieht sich im winterlichen Finnland tapferen Verteidigern gegenüber, die ihr heiliges Vaterland nicht dem Sowjetimperialismus überlassen wollen. Unterstützt werden die Finnen von ihren deutschen Verbündeten, die Kaiser Wilhelm III heimlich ins Land einsickern ließ. Die deutschen Truppen stehen unter dem Oberbefehl der bewährten deutschen Generalstäbler von Ludendorff und von Stetten. Unter dem direkten Kommando von Stettens kämpft ein junger Offizier namens Hans von Dankenfels …

In dem Buch "Arme Kassandra" vom Kaiserfront-Autor Christian Schwochert geht es um eine junge Frau in Berlin, die sich den Lügen und Manipulationen ihrer Umwelt erwehren muss. Am Anfang der Geschichte beobachtet sie einen grausamen Mord, aber kaum jemand glaubt ihr, dass dieser tatsächlich stattgefunden hat. Mehr noch: die Medien stellen sie sogar als Verbrecherin hin und sie ist gezwungen zu beweisen, dass der Mord wirklich stattgefunden hat. Als Bonus gibt es einen Artikel UND ein sehr gutes Interview mit dem berühmten Journalisten Billy Six. Der Artikel ist bereits in "Ariel in der Antarktis" erschienen; dadurch entstand auch die Idee ein Interview mit dem ehrenwerten Journalisten zu machen. Hier wird es nun gedruckt veröffentlicht.

Zeitfracht Medien GmbH
Ferdinand-Jühlke-Straße 7
99095 Erfurt, Deutschland
produktsicherheit@kolibri360.de